GLENCO
Bienvenidos

Student Tape Manual
Teacher's Edition

Conrad J. Schmitt

Protase E. Woodford

GLENCOE
Macmillan/McGraw-Hill

New York, New York   Columbus, Ohio   Mission Hills, California   Peoria, Illinois

Copyright © 1995 by the Glencoe Division of Macmillan/McGraw-Hill School Publishing Company. All rights reserved. Except as permitted under the United States Copyright Act, no part of this publication may be reproduced or distributed in any form or by any means, or stored in a database or retrieval system, without the prior permission of the publisher.

Send all inquiries to:
GLENCOE DIVISION
Macmillan/McGraw-Hill
15319 Chatsworth Street
P.O. Box 9609
Mission Hills, CA 91346-9609

ISBN 0-02-646057-2 (Teacher's Edition, Student Tape Manual)
ISBN 0-02-646046-7 (Student Edition, Writing Activities Workbook and Student
                  Tape Manual)

Printed in the United States of America.

2 3 4 5 6 7 8 9 BAW 99 98 97 96 95 94

STUDENT TAPE MANUAL
TEACHER'S EDITION
CONTENIDO

BIENVENIDOS	Lecciones preliminares	1
CAPÍTULO 1	Un amigo Una amiga	7
CAPÍTULO 2	¿Hermanos o amigos?	18
CAPÍTULO 3	En la escuela	30
CAPÍTULO 4	Pasatiempos después de las clases	43
CAPÍTULO 5	Actividades del hogar	60
CAPÍTULO 6	La familia y su casa	76
CAPÍTULO 7	Los deportes de equipo	90
CAPÍTULO 8	Un viaje en avión	107
CAPÍTULO 9	Deportes y actividades de invierno	122
CAPÍTULO 10	La salud y el médico	133
CAPÍTULO 11	Actividades de verano	146
CAPÍTULO 12	Actividades culturales	159
CAPÍTULO 13	La ropa y la moda	176
CAPÍTULO 14	Un viaje en tren	188
CAPÍTULO 15	En el restaurante	200
CAPÍTULO 16	El camping	220

CANCIONES

The following selections can be heard on the Song Cassette located in the Glencoe Spanish, Level 1, Audio Cassette binder.

Las mañanitas
Éstas son las mañanitas,
Que cantaba el rey David,
Pero no eran tan bonitas,
Como las cantan aquí.

Despierta, mi bien, despierta,
Mira que ya amaneció.
Ya los pajarillos cantan,
La luna ya se metió.

Cielito lindo
Ese lunar que tienes, cielito lindo,
Junto a la boca,
No se lo des a nadie, cielito lindo,
Que a mí me toca.

Ay, ay, ay, ay,
Canta y no llores,
Porque cantando,
Se alegran cielito lindo,
Los corazones.

De colores
De colores, de colores
Se visten los campos en la primavera,
De colores, de colores
Son los pajarillos que vienen de fuera,
De colores, de colores es el arco iris
Que vemos lucir,
Y por eso los grandes amores
De muchos colores me gustan a mí,
Y por eso los grandes amores
De muchos colores me gustan a mí.

Guantanamera
Yo soy un hombre sincero,
De donde crece la palma.
Yo soy un hombre sincero,
De donde crece la palma,
Y antes de morirme quiero,
Echar mis versos del alma.

Guantanamera, guajira, Guantanamera,
Guantanamera, guajira, Guantanamera.

Mi verso es de un verde claro,
Y de un carmín encendido,
Mi verso es de un verde claro,
Y de un carmín encendido,
Mi verso es un ciervo herido,
Que busca en el monte amparo.

Guantanamera, guajira, Guantanamera,
Guantanamera, guajira, Guantanamera.

Eres tú
Como una promesa eres tú, eres tú,
Como una mañana de verano,
Como una sonrisa eres tú, eres tú.
Así, así, eres tú.

Toda mi esperanza eres tú, eres tú,
Como una lluvia fresca de mis manos,
Como fuerte brisa eres tú, eres tú,
Así, así, eres tú.

Eres tú como el agua de mi fuente,
Eres tú el fuego de mi hogar.

Como mi poema eres tú, eres tú,
Como una guitarra en la noche,
Como mi horizonte eres tú, eres tú,
Así, así, eres tú.

Como una promesa eres tú, eres tú,
etc.

San Fermín
Uno de enero, dos de febrero,
Tres de marzo, cuatro de abril,
Cinco de mayo, seis de junio,
Siete de julio, ¡San Fermín!

Me he de comer esa tuna
Guadalajara en un llano
México en un laguna,
Guadalajara en un llano
México en una laguna.
Me he de comer esa tuna,
Me he de comer esa tuna,
Me he de comer esa tuna,
Aunque me espine la mano.

Dicen que soy hombre malo
Malo y mal averiguado.
Dicen que soy hombre malo
Malo y mal averiguado.
Porque me comí un durazno,
Porque me comí un durazno,
Porque me comí un durazno,
De corazón colorado.

El águila siendo animal
Se retrató en el dinero.
El áquila siendo animal
Se retrató en el dinero.
Para subir al nopal,
Para subir al nopal,
Para subir al nopal,
Pidió permiso primero.

Quizás, quizás, quizás
Siempre que te pregunto,
Que cuándo, cómo y dónde,
Tú siempre me respondes,
      quizás, quizás, quizás…
Y así pasan los días,
Yo yo desesperando,
Y tú, tú contestando,
      quizás, quizás, quizás…
Estás perdiendo el tiempo,
Pensando, pensando,
Por lo que tú más quieras
Hasta cuándo,
Hasta cuándo…
Y así pasan los días,
Y yo desesperando,
Y tú, tú contestando,
      quizás, quizás, quizás.

La última noche
La última noche que pasé contigo,
La llevo guardada como fiel testigo,
De aquellos momentos en que fuiste mía
Y hoy quiero borrarla de mi ser…
La última noche que pasé contigo
Quisiera olvidarla pero no he podido,
La última noche que pasé contigo,
Tengo que olvidarla de mi ayer…
    ¿Por qué te fuiste,
    Aquella noche,
    Por qué te fuiste,
    Sin regresar?
    Y me dejaste,
    Aquella noche,
    Como recuerdo
    De tu traición…
La última noche que pasé contigo,
La llevo guardada como fiel testigo,
De aquellos momentos en que fuiste mía.
Y hoy quiero borrarla de mi ser.
Y hoy quiero borrarla de mi ser.

El reloj
Reloj, no marques las horas,
Porque voy a enloquecer,
Ella se irá para siempre,
Cuando amanezca otra vez.
No más nos queda esta noche,
Para vivir nuestro amor,
Y su tic-toc me recuerda
Mi irremediable dolor.
Reloj, detén tu camino,
Porque mi vida se apaga,
Ella es la estrella que alumbra mi ser,
Yo sin su amor no soy nada.
Detén el tiempo en tus manos,
Haz esta noche perpetua,
Para que nunca se vaya de mí.
Para que nunca amanezca.
Para que nunca amanezca.
Para que nunca amanezca.

Canción mixteca
Qué lejos estoy del suelo donde he nacido,
Inmensa nostalgia invade mi pensamiento,
Y al verme tan solo y triste cual hoja al viento,
Quisiera llorar, quisiera morir
    de sentimiento. *(Repite)*

¡O tierra del sol!
suspiro por verte,
Ahora qué lejos
yo vivo sin luz, sin amor,
Y al verme tan solo y triste cual hoja al viento,
Quisiera llorar, quisiera morir
    de sentimiento.

El quelite
Qué bonito es el quelite
Bien haya quien lo sembró,
Que por sus orillas tiene
De quien acordarme yo.

Mañana me voy, mañana,
Mañana me voy de aquí.
Y el consuelo que me queda,
Que se han de acordar de mí.

Camino de San Ignacio
Me dio sueño y me dormí.
Y me despertó un gallito
Cantando quiquiriquí.

Mañana me voy, mañana,
Me voy por el nacional,
Adiós muchachas bonitas,
De esta hermosa capital.

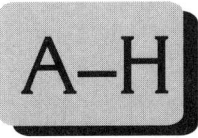

BIENVENIDOS
LECCIONES PRELIMINARES

For all activities in the preliminary lessons A–H, you will be asked to listen or listen and repeat.

A BUENOS DÍAS

 Actividad A   Listen.   (Textbook, page 2)
(STM, page 185)

> Listen. Do not repeat.
>> —Hola, Manolo.
>> —Hola, Maricarmen.
>
>> —Buenos días, Juan.
>> —Buenos días, Emilio.
>
>> —Buenos días, señor.
>> —Buenas tardes, señora.
>> —Buenas noches, señorita.

Actividad B   Listen and repeat.
(STM, page 185)

> Listen and repeat after the speaker.
>> Hola.
>> Hola, Pablo.
>> Buenos días, señora.
>> Buenas tardes, señor.
>> Buenas noches, señorita.

B ¿QUÉ TAL?

 Actividad A   Listen.   (Textbook, page 3)
(STM, page 185)

> Listen. Do not repeat.
>> —Hola, Felipe.
>> —Hola, Susana. ¿Qué tal?
>> —Bien, ¿y tú?
>> —Muy bien, gracias.

Actividad B   Listen and repeat.
(STM, page 185)

> Listen and repeat after the speaker.
>> Hola.
>> Hola, ¿qué tal?
>> Bien, gracias, ¿y tú?
>> Muy bien, gracias.

C   ADIÓS

Actividad A   Listen.   (Textbook, page 4)
(STM, page 185)

> Listen. Do not repeat.
>> —Adiós, Manolo.
>> —Adiós, Maricarmen.
>>
>> —Chao, Gerardo.
>> —¡Chao! ¡Hasta luego!
>>
>> —¡Adiós! Hasta mañana.
>> —¡Adiós, señora! ¡Hasta mañana!

Actividad B   Listen and repeat.
(STM, page 185)

> Listen and repeat after the speaker.
>> Adiós.
>> Chao.
>> Hasta luego.
>> Hasta pronto.
>> Hasta mañana.
>> Adiós, señor.
>> Adiós, señora.
>> Adiós, señorita.

Actividad C   Listen.   (Textbook, page 5)
(STM, page 185)

> Listen to the conversation. Do not repeat.
>> —Hola, Paco.
>> —Hola, Teresa. ¿Qué tal?
>> —Bien, ¿y tú?
>> —Muy bien, gracias.
>> —Chao, Paco.
>> —Chao, Teresa. ¡Hasta luego!

D ¿QUIÉN ES?

Actividad A Listen. (Textbook, page 6)
(STM, page 185)

    Listen to the conversation. Do not repeat.

        MUCHACHO 1: ¿Quién es?
        MUCHACHO 2: ¿Quién? ¿La muchacha?
        MUCHACHO 1: Sí, ella.
        MUCHACHO 2: Pues es Casandra López.
    (She comes up to them.)
        MUCHACHO 2: Casandra, Felipe.
        MUCHACHA: Hola, Felipe.
        MUCHACHO 1: Hola, Casandra. Mucho gusto.

Actividad B Listen and repeat.
(STM, page 185)

    Listen and repeat after the speaker.

        ¿Quién es?
        ¿Quién? ¿La muchacha?
        Sí, ella.
        Es Casandra López.

Actividad C Listen.
(STM, page 185)

    Listen to the conversation. Do not repeat.

        MUCHACHA 1: ¿Quién es?
        MUCHACHA 2: ¿Quién? ¿El muchacho?
        MUCHACHA 1: Sí, él.
        MUCHACHA 2: Pues es Pablo Torres.
    (He comes up to them.)
        MUCHACHA 2: Pablo, Nilda.
        MUCHACHO: Hola, Nilda.
        MUCHACHA 1: Hola, Pablo. Mucho gusto.

Actividad D Listen and repeat.
(STM, page 185)

    Listen and repeat after the speaker.

        ¿Quién es?
        ¿Quién? ¿El muchacho?
        Sí, él.
        Es Pablo Torres.

E ¿QUÉ ES?

Actividad A   Listen.   (Textbook, page 7)
(STM, page 185)

>Listen. Do not repeat.
>
>>una pizarra
>>una tiza
>>una mochila
>>un cuaderno
>>una hoja de papel
>>un libro
>>una goma
>>un bolígrafo
>>un banco
>>una silla
>>una computadora
>>una calculadora

Actividad B   Listen and repeat.
(STM, page 185)

>Listen and repeat after the speaker.
>
>>¿Qué es?
>>Es un cuaderno.
>>un bolígrafo
>>un libro
>>una mochila
>>una goma
>>una hoja de papel
>>un banco
>>una silla
>>una pizarra
>>una tiza
>>una computadora
>>una calculadora

F ¿CUÁNTO ES?

Actividad A   Listen.   (Textbook, page 8)
(STM, page 185)

>Listen. Do not repeat.
>
>>—¿Cuánto es el cuaderno, señora?
>>—Ochenta pesos.
>>—Gracias, señora.

Actividad B   Listen and repeat.
(STM, page 185)

>Listen and repeat after the speaker.
>>¿Cuánto es?
>>Ochenta pesos.
>>Gracias.
>>Gracias, señor.
>>Gracias, señora.
>>Gracias, señorita.

Actividad C   Listen and repeat.
(STM, page 185)

>Let's count to thirty in Spanish. Listen and repeat after the speaker.
>>uno, dos, tres, cuatro, cinco, seis, siete, ocho, nueve, diez, once, doce, trece, catorce, quince, dieciséis, diecisiete, dieciocho, diecinueve, veinte, veinte y uno, veinte y dos, veinte y tres, veinte y cuatro, veinte y cinco, veinte y seis, veinte y siete, veinte y ocho, veinte y nueve, treinta

Actividad D   Listen and repeat.
(STM, page 185)

>Let's count from ten to one hundred by tens in Spanish. Listen and repeat after the speaker.
>>diez, veinte, treinta, cuarenta, cincuenta, sesenta, setenta, ochenta, noventa, cien (ciento)

Actividad E   Listen and repeat.
(STM, page 185)

>Let's count to from one hundred to one thousand by hundreds in Spanish. Listen and repeat after the speaker.
>>cien (ciento), doscientos, trescientos, cuatrocientos, quinientos, seiscientos, setecientos, ochocientos, novecientos, mil

G UNA LIMONADA, POR FAVOR

Actividad A   Listen.   (Textbook, page 9)
(STM, page 185)

>Listen. Do not repeat.
>>—Buenos días.
>>—Una limonada, por favor.
>>—Gracias.
>>—De nada.
>>—¿Cuánto es, por favor?
>>—Cien pesos, señorita.

Actividad B   Listen and repeat.
(STM, page 185)

>Listen and repeat after the speaker.
>>Una enchilada, por favor.
>>Gracias.
>>De nada.
>>Un taco, por favor.
>>Gracias.
>>No hay de qué.
>>Un café, por favor.
>>Gracias.
>>De nada.

H   ¿CUÁL ES LA FECHA DE HOY?

Actividad A   Listen.   (Textbook, page 10)
(STM, page 185)

>Listen. Do not repeat.
>>—Sandra, ¿qué día es hoy?
>>—Hoy es miércoles.
>>—¿Y cuál es la fecha?
>>—El veinte y cinco.

Actividad B   Listen and repeat.
(STM, page 185)

>Listen and repeat after the speaker.

lunes	viernes
martes	sábado
miércoles	domingo
jueves	

Actividad C   Listen and repeat.
(STM, page 185)

>Listen and repeat after the speaker.

enero	julio
febrero	agosto
marzo	septiembre
abril	octubre
mayo	noviembre
junio	diciembre

CAPÍTULO 1

UN AMIGO
UNA AMIGA

PRIMERA PARTE

VOCABULARIO

Palabras 1

 Actividad A   Listen and repeat.   (*Vocabulario, Palabras 1*–Textbook, pages 14–15)
(*STM, page 185*)

Listen and repeat after the speaker.

¿QUIÉN ES?
Manolo
el muchacho
el alumno
el colegio
el amigo

Elena
la muchacha
la alumna
la escuela
la amiga

¿Quién es mexicano?
Pablo es mexicano.
Pablo es de Guadalajara.
Él es alumno en un colegio.
Es alumno en el Colegio Hidalgo.
Pablo es amigo de José Luis.

¿Cómo es el muchacho?
alto
bajo
rubio
moreno
divertido
aburrido

¿Cómo es la muchacha?
alta
baja
rubia
morena
divertida
aburrida

Elena es alta. No es baja.
Ella es muy divertida.
Ella es alumna en una escuela
    secundaria.

José es amigo de Elena.
Él es alto también.
No es bajo.
José es rubio.

Actividad B Listen and choose.

(STM, page 185)

Look at the illustrations on your activity sheet. You will hear four sentences, each describing one of the people you see. Write the number of the sentence next to the person being described.

1. Es alto y rubio.
2. Es baja y rubia.
3. Es bajo y moreno.
4. Es alta y morena.

Palabras 2

 Actividad C Listen and repeat. (*Vocabulario, Palabras 2–Textbook, pages 18–19*)
(STM, page 186)

Listen and repeat after the speaker.

¿DE DÓNDE SOY?
Carlos es un amigo fantástico.
Él es un amigo muy bueno.

Es Roberto Collins.
Roberto es americano.
Él es de California.

¿Quién soy y de dónde soy?
¡Hola!
Yo soy Roberto Collins.
Soy de California.
Soy amigo de Teresa.
Ella es una amiga fantástica.
Es una amiga muy buena.

Teresa es una amiga fantástica.
Ella es una amiga muy buena.

Es Teresa.
Teresa es una amiga de Roberto.

Actividad D Listen and match.

(STM, page 186)

Look at the illustrations on your activity sheet. You will hear ten sentences, each giving information about where the person is from. Circle the letter of the country that each person is from.

1. Sarita Luján Samaniego es mexicana.
2. Raúl Dávila es cubano.
3. Fernando Vallejo Cardona es chileno.
4. Linda González es americana.
5. El profesor Zúñiga es colombiano.
6. Paco es de Guadalajara.
7. Isabel es de Los Ángeles, California.
8. Maricarmen es de Santafé de Bogotá.
9. Mi amigo Rodolfo es de Santiago de Chile.
10. Felipe es de San Juan.

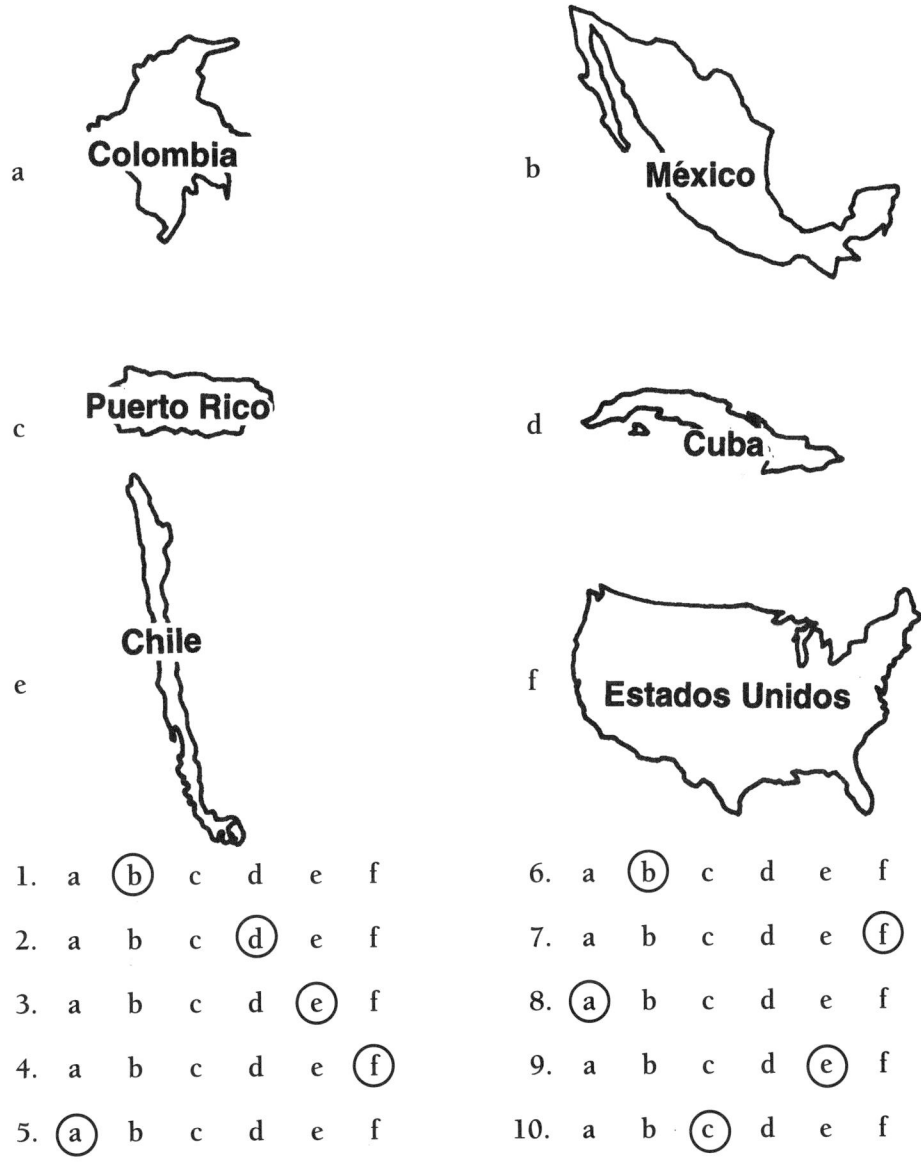

1. a (b) c d e f
2. a b c (d) e f
3. a b c d (e) f
4. a b c d e (f)
5. (a) b c d e f
6. a (b) c d e f
7. a b c d e (f)
8. (a) b c d e f
9. a b c d (e) f
10. a b (c) d e f

ESTRUCTURA

Actividad A   Listen and choose.
(STM, page 187)

Look at the illustrations on your activity sheet. You will hear eleven statements or questions. If the statement or question refers to a girl, circle *a* on your activity sheet. If the statement or question refers to a boy, circle *b*.

1. ¿Quién es él?
2. Es mi amigo Luis Méndez.
3. Es muy simpático.
4. Y tú eres muy simpática.
5. Sí, y muy seria.
6. ¿Es un alumno?
7. ¿Él? Sí. Es divertido.
8. ¿Es divertida Lupita?
9. No, es seria, y aburrida también.
10. Y yo, ¿soy aburrido?
11. ¿Aburrido? Sí, y antipático también.

a   b

1. a (b)   5. (a) b   9. (a) b
2. a (b)   6. a (b)   10. a (b)
3. a (b)   7. a (b)   11. a (b)
4. (a) b   8. (a) b

Actividad B   Listen and choose.
(STM, page 187)

You will hear six statements. If the statement is true, circle *sí* on your activity sheet. If the statement is not true, circle *no*.

1. Un colegio es una escuela.
2. Un muchacho de Guadalajara es colombiano.
3. Una muchacha de Los Ángeles es americana.
4. Chile es una isla tropical.
5. Un amigo bueno es sincero.
6. Bogotá es la capital de Colombia.

1. (sí)   no   3. (sí)   no   5. (sí)   no
2. sí   (no)   4. sí   (no)   6. (sí)   no

 Actividad C   Listen. *(Ejercicio C–Textbook, page 26)*
(STM, page 187)

Listen to the conversation. Do not repeat.

MARTA: ¡Hola!
CARLOS: ¡Hola! ¿Quién eres?
MARTA: ¿Quién? ¿Yo?
CARLOS: Sí, tú.
MARTA: Pues, soy Marta. Marta González. Y tú, ¿quién eres?
CARLOS: Yo soy Carlos. Carlos Príncipe.
MARTA: ¿Eres americano, Carlos?
CARLOS: No, no soy americano.
MARTA: Pues, ¿de dónde eres?
CARLOS: Soy de México.
MARTA: ¡Increíble! Yo soy de México también.

Actividad D   Listen and choose.
(STM, page 187)

You will hear four questions about the conversation you just heard. On your activity sheet you will see three possible answers for each question. Choose the correct answer and circle *a*, *b*, or *c*.

1. ¿Quién es la muchacha?
2. ¿Quién es el muchacho?
3. ¿De qué nacionalidad es la muchacha?
4. ¿De dónde es el muchacho?

1. a. María   (b.) Marta   c. Mónica
2. a. Marcos   b. Paco   (c.) Carlos
3. a. americana   (b.) mexicana   c. colombiana
4. a. los Estados Unidos (b.) México   c. Colombia

CONVERSACIÓN

 Actividad E Listen. (*Conversación*–Textbook, page 28)
(*STM, page 187*)

        Listen to the conversation. Do not repeat.

            DAVID: Hola. Eres Maricarmen Torres, ¿no?
    MARICARMEN: Sí, soy yo. Y tú eres David Davis, ¿verdad?
            DAVID: Sí, soy David.
    MARICARMEN: Tú eres amigo de Inés Figueroa, ¿no?
            DAVID: Sí, sí. Ella es una amiga fantástica, muy buena.
    MARICARMEN: Es verdad. Es una persona muy sincera. ¿De dónde eres, David?
            DAVID: Pues, soy de Chicago.
    MARICARMEN: Ah, eres americano.

Actividad F Listen and choose.
(*STM, page 188*)

You will hear five incomplete statements about the conversation you just heard. On your activity sheet you will see three possible completions for each statement. Choose the correct completion and circle *a, b,* or *c*.

1. La muchacha es Maricarmen…
2. David es el amigo de…
3. La amiga de David es una persona muy…
4. El muchacho es de…
5. La persona de Chicago es…

1. a. Davis   (b.) Torres   c. Figueroa

2. (a.) Inés   b. Maricarmen   c. la señora Torres

3. a. antipática   b. americana   (c.) sincera

4. (a.) los Estados Unidos   b. México   c. Colombia

5. a. Inés   (b.) David   c. Maricarmen

PRONUNCIACIÓN

 Actividad G Pronunciación: *Las vocales* a, o y u   (*Pronunciación*–Textbook, page 29)
(*STM, page 188*)

When you speak Spanish, it is very important to pronounce the vowels carefully. The vowel sounds in Spanish are very short, clear, and concise. The vowels in English have several different pronunciations, but in Spanish they have only one sound. Imitate carefully the pronunciation of the vowels *a, o,* and *u*. Note that the pronunciation of *a* is similar to the *a* in *father, o* is similar to the *o* in *most*, and *u* is similar to the *u* in *flu*. Listen and repeat after the speaker.

a	o	u
Ana	o	uno
Aldo	no	mucha
amiga	Paco	mucho
alumno	amigo	muchacho

Ana es alumna.
Aldo es alumno.
Ana es una amiga de Aldo.

SEGUNDA PARTE

Actividad A Listen and choose.
(*STM, page 188*)

Listen to the narrative. Do not repeat.

Anita Valderrama es de Colombia. Es alumna en el Colegio Santa Teresa. Ella es alta y rubia. Su amiga, Ramona Santiago, es puertorriqueña. Ramona es alta también, pero no es rubia. Es morena.

You will hear four questions about the narrative you just heard. On your activity sheet you will see three possible answers for each question. Choose the correct answer and circle *a, b,* or *c*.

1. ¿De qué nacionalidad es Anita?
2. ¿En qué escuela es alumna Anita?
3. ¿De dónde es la amiga de Anita?
4. ¿Cómo es la amiga de Anita?

1. (a.) colombiana   b. puertorriqueña   c. mexicana

2. a. Santiago   (b.) Santa Teresa   c. Ramona

3. a. Colombia   (b.) Puerto Rico   c. México

4. a. baja y morena   b. alta y rubia   (c.) alta y morena

Actividad B Listen and choose.

(STM, page 188)

You will hear several questions, each followed by three possible answers. Choose the correct answer and circle *a, b,* or *c* on your activity sheet.

1. ¿Quién es la muchacha?
   a. Juan Romero.
   b. El colegio Santa Marta.
   c. Susana Montoya.

2. ¿Qué es el señor Benavides?
   a. Profesor.
   b. En la escuela.
   c. Muy alto.

3. ¿De qué nacionalidad es Alicia?
   a. Es simpática.
   b. Es alumna.
   c. Es chilena.

4. ¿Quién es la amiga de Carlos?
   a. Teresa.
   b. Roberto.
   c. El alumno nuevo.

5. ¿Cómo es la clase de español?
   a. Divertida.
   b. Morena.
   c. Sincera.

6. ¿De dónde es la profesora?
   a. El colegio.
   b. Puerto Rico.
   c. La Gran Vía.

1. a b (c)   3. a b (c)   5. (a) b c
2. (a) b c   4. (a) b c   6. a (b) c

Actividad C Listen and choose.

(STM, page 189)

Look at the illustrations on your activity sheet. You will hear nine sentences, each describing one of the illustrations. Write the number of the sentence below the corresponding illustration.

1. Carolina es alta y morena.
2. Es una escuela secundaria.
3. Roberto es muy divertido.
4. Elena es muy seria.
5. El señor Álvarez es profesor.
6. Puerto Rico es una isla del Caribe.
7. Pablo es amigo de José Luis.
8. Jaime es alumno.
9. La señora Ochoa es profesora.

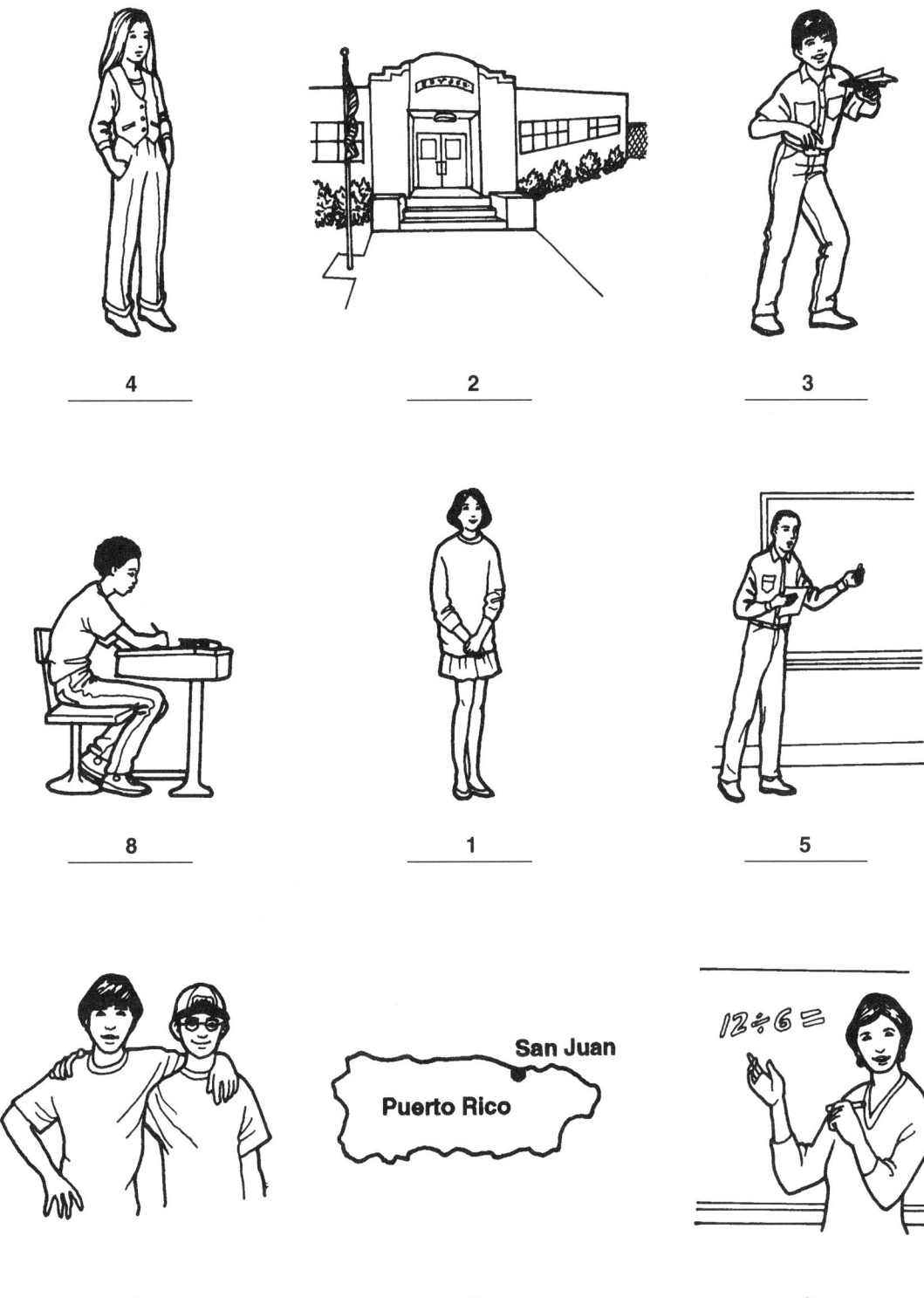

Actividad D   Listen and choose.

(STM, page 190)

Look at the illustrations on your activity sheet. You will hear eight narratives, each describing one of the people you see. Write the number of the narrative below the person being described.

1. Es de los Estados Unidos. Es alto y rubio. Es alumno en una escuela secundaria. Es un muchacho aburrido. ¿Quién es?

2. Es un muchacho alto y rubio. Es de Colombia. Es alumno y es muy divertido. ¿Quién es?

3. Es de España. Es profesor. Es una persona muy simpática. Es rubio y bajo. ¿Quién es?

4. Es de los Estados Unidos. Es alumna. No es alta. Es morena y es una muchacha muy sincera. ¿Quién es?

5. Es un alumno venezolano. Es alto y moreno y muy simpático. ¿Quién es?

6. Es mexicano. Es alumno en un colegio. Es bajo y rubio y muy sincero. ¿Quién es?

7. Es profesora. Es chilena. Es baja y rubia y muy seria. ¿Quién es?

8. Ella también es profesora. Es de Cuba. Es muy divertida. Es alta y morena. ¿Quién es?

7	5	8
Sara Cortés	Abelardo Vega	Susana Martín
2	4	6
José Luis Peña	Carmen Mercado	Ignacio Funes
1	3	
Roberto Rojas	David Oliver	

CAPÍTULO 2

¿HERMANOS O AMIGOS?

PRIMERA PARTE

VOCABULARIO

Palabras 1

 Actividad A Listen and repeat. (*Vocabulario, Palabras 1* – Textbook, pages 40–41) (*STM, page 191*)

    Listen and repeat after the speaker.

        ¿CÓMO SON?
        Juan y Paco
        rubios
        argentinos
        los alumnos
        los amigos
        los hermanos

        Marta y Sarita
        rubias
        argentinas
        las alumnas
        las amigas
        las hermanas

        Marta y Sarita son argentinas.
        Juan y Paco también son argentinos.
        Los cuatro amigos son de Buenos Aires.
        Ellos son alumnos en un colegio.

        la clase
        una clase pequeña
        una clase grande
        el profesor
        la profesora

Actividad B Listen and choose.

(STM, page 191)

Look at the illustrations on your activity sheet. You will hear eight questions. If the question refers to girls, circle *a* on your activity sheet. If the question refers to boys, circle *b*.

1. ¿Quiénes son argentinas?
2. ¿Quiénes son morenos?
3. ¿Quiénes son hermanos?
4. ¿Quiénes son amigas?
5. ¿Quiénes son argentinos?
6. ¿Quiénes son rubias?
7. ¿Quiénes son alumnas?
8. ¿Quiénes son hermanas?

a    b

1. (a) b
2. a (b)
3. a (b)
4. (a) b
5. a (b)
6. (a) b
7. (a) b
8. (a) b

Actividad C Listen and match.

(STM, page 191)

You have already learned that many Spanish words look like English words even though they are pronounced quite differently in Spanish and English. Such words are called "cognates." You will hear five sentences, each using a cognate. On your activity sheet, you will see the English equivalent of each of these cognates. Write the number of the sentence next to the corresponding cognate.

1. Luis es inteligente.
2. Y también es muy popular.
3. Es un alumno serio.
4. La clase de español es interesante.
5. Es un curso importante.

__1__ intelligent   __4__ interesting   __3__ serious

__5__ important   __2__ popular

Actividad D Listen and answer.

(*STM, page 191*)

Pablo is always confused. Listen to what he says and correct him by answering the opposite in the pause provided. First listen to the example.

Example: (*You hear*) Elena es morena.
          (*You say*)   No, chico. Elena es rubia.

1. La clase de español es difícil.
   (No, chico. La clase de español es fácil.)
2. El profesor es antipático.
   (No, chico. El profesor es simpático.)
3. La escuela es pequeña.
   (No, chico. La escuela es grande.)
4. El curso es aburrido.
   (No, chico. El curso es interesante.)
5. Carolina es muy baja.
   (No, chico. Carolina es muy alta.)
6. El señor es amable.
   (No, chico. El señor es antipático.)
7. La señora Rodríguez es alumna.
   (No, chico. La señora Rodríguez es profesora.)

Palabras 2

 Actividad E Listen and repeat. (*Vocabulario, Palabras 2*–Textbook, pages 44–45)
(*STM, page 191*)

Listen and repeat after the speaker.

LOS CURSOS ESCOLARES
¡Hola!
Nosotros somos americanos.
Uds. son americanos también, ¿no?
Somos alumnos. Somos alumnos de español.
Somos alumnos buenos en español.

Otros cursos, otras materias o disciplinas

Las ciencias
la biología
la química
la física

Las matemáticas
la aritmética
el álgebra
la geometría
la trigonometría

Las lenguas
el inglés
el francés
el español
el italiano
el latín

Las ciencias sociales
la historia
la geografía
la sociología

Otras asignaturas
la educación cívica
la educación física, los deportes
la música
el arte
la economía doméstica

Actividad F Listen and choose.
(STM, page 192)

You will hear seven sentences, each describing a course or class. On your activity sheet choose the correct course or class being described and circle *a, b,* or *c.*

1. Es un curso de ciencias.
2. Es una clase de lenguas.
3. Es un curso de matemáticas.
4. Es un curso de ciencias sociales.
5. Es una clase de ciencias.
6. Es un curso de lenguas.
7. Es un curso de ciencias sociales.

1. a. aritmética   (b.) biología   c. historia
2. a. álgebra   b. arte   (c.) francés
3. (a.) trigonometría   b. química   c. inglés
4. (a.) geografía   b. aritmética   c. latín
5. a. sociología   (b.) física   c. italiano
6. a. biología   b. la educación física   (c.) español
7. (a.) educación cívica b. economía doméstica   c. arte

ESTRUCTURA

Actividad A Listen and choose.
(STM, page 192)

You will hear several questions, each followed by three possible answers. Choose the correct answer and circle *a*, *b*, or *c* on your activity sheet.

1. ¿Cómo son las muchachas?
   a. Divertido.
   b. Divertida.
   c. Divertidas.

2. ¿De qué nacionalidad son ellas?
   a. Son mexicanas.
   b. Es mexicana.
   c. Son mexicanos.

3. ¿Es grande la escuela?
   a. No, es pequeño.
   b. No, son pequeñas.
   c. No, es pequeña.

4. Jorge es simpático, ¿verdad?
   a. No, es antipática.
   b. No, es antipático.
   c. No, son antipáticos.

5. ¿Son aburridas las clases de lenguas?
   a. No, es fantástica.
   b. No, son fantásticas.
   c. No, son fantásticos.

6. Los hermanos López son de Puerto Rico, ¿verdad?
   a. Sí, son puertorriqueñas.
   b. Sí, son puertorriqueños.
   c. Sí, es puertorriqueño.

7. ¿Es español el señor Goicoechea?
   a. Pues, no. Son cubanos.
   b. Pues, no. Es cubana.
   c. Pues, no. Es cubano.

1. a b (c)   5. a (b) c
2. (a) b c   6. a (b) c
3. a b (c)   7. a b   (c)
4. a (b) c

Actividad B   Listen.   (*Ejercicio B*–Textbook, page 51)
(*STM, page 192*)

    Listen to the conversation. Do not repeat.

        LAS MUCHACHAS: ¿Son Uds. americanos?
        LOS MUCHACHOS: Sí, somos americanos.
        LAS MUCHACHAS: ¿Son Uds. alumnos?
        LOS MUCHACHOS: Sí, somos alumnos. Y somos alumnos serios.
        LAS MUCHACHAS: ¿En qué escuela son Uds. alumnos?
        LOS MUCHACHOS: Somos alumnos en la Escuela George Washington.

Actividad C   Listen and answer.
(*STM, page 192*)

    You will hear five questions about the conversation you just heard. Answer each question in the pause provided.

1. ¿Son americanos o mexicanos los muchachos?
   (Los muchachos son americanos.)
2. ¿Los muchachos son profesores o alumnos?
   (Los muchachos son alumnos.)
3. ¿Son Uds. alumnos serios también?
   (Sí, nosotros somos alumnos serios también.)
4. Y Uds., ¿son americanos o cubanos?
   (Somos americanos.)
5. ¿En qué escuela son Uds. alumnos?
   (Somos alumnos en la Escuela…)

Actividad D   Listen and choose.
(*STM, page 192*)

    Look at the illustrations on your activity sheet. You will hear six sentences, each giving a time of day. Write the number of the sentence below the clock showing the corresponding time.

1. Son las ocho y diez.   4. Es la una menos cuarto.
2. Son las diez y media.   5. Son las dos y cuarto.
3. Es el mediodía.   6. Son las cuatro.

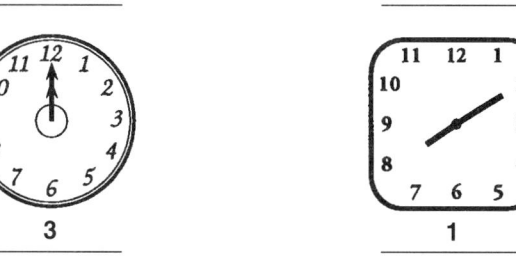

CONVERSACIÓN

 Actividad E   Listen.   *(Conversación–*Textbook, page 54)
(STM, page 193)

Listen to the conversation. Do not repeat.

SAMUEL: ¿Uds. son americanos?
MARK: Sí, somos americanos. Y Uds. son mexicanos, ¿no?
DANIEL: Sí, somos de Coyoacán.
SARA: ¿Coyoacán?
DANIEL: Sí, es un suburbio de la Ciudad de México. Y Uds., ¿de dónde son?
SARA: Somos de Arlington, un suburbio de Wáshington.

Actividad F   Listen and choose.
(STM, page 193)

You will hear five incomplete statements about the conversation you just heard. On your activity sheet you will see three possible completions for each statement. Choose the correct completion and circle *a, b,* or *c*.

1. Los mexicanos son de…
2. Coyoacán es…
3. Los americanos son de…
4. La capital de México es…
5. Washington es…

1. (a.) Coyoacán   b. Arlington   c. la Ciudad de México
2. a. una ciudad grande   b. una capital   (c.) un suburbio
3. a. Wáshington   b. Coyoacán   (c.) Arlington
4. a. Wáshington   b. Coyoacán   (c.) la Ciudad de México
5. (a.) una ciudad   b. un suburbio   c. un país

PRONUNCIACIÓN

 Actividad G   Pronunciación: *Las vocales* e *e* i   *(Pronunciación–*Textbook, page 55)
(STM, page 193)

The sounds of the Spanish vowels *e* and *i* are short, clear, and concise. The pronunciation of *e* is similar to the *a* in *mate* and the pronunciation of *i* is similar to the *ee* in *bee* or *see*. Listen and repeat after the speaker.

e   i
Elena   Isabel
peso   Inés

Elena es amiga de Felipe.
Inés es tímida.
Sí, Isabel es italiana.

SEGUNDA PARTE

Actividad A   Listen and choose.
(STM, page 193)

You will hear eight narratives, each describing a class or a course. On your activity sheet choose the class or course being described and circle *a, b,* or *c.*

1. En esta clase estudiamos el rectángulo, el triángulo, el arco y otras formas geométricas.
2. En el curso vemos pinturas de Picasso, Rembrandt, Goya; de todos los grandes artistas clásicos y modernos.
3. En el laboratorio usamos un microscopio. Bajo el microscopio vemos las bacterias, las amebas y los paramecios. Es muy interesante.
4. Es mi clase favorita. La profesora habla de los diferentes países, de las montañas, de las ciudades. Habla también de los océanos y lagos y de la topografía.
5. En el curso leemos sobre los exploradores como Lewis y Clark, De Soto, Marquette y Joliet, sobre los héroes nacionales como Washington, Jefferson Y Lincoln. Estudiamos la revolución y la guerra civil. Es un curso estupendo.
6. En esta clase hacemos gimnasia y jugamos a los deportes como el béisbol y el vólibol.
7. En esta clase hay énfasis en los verbos, las conjugaciones, los adjetivos y adverbios, toda la gramática; en la composición y también en la literatura.
8. Aquí aprendemos a preparar comida mexicana, tacos y enchiladas; comida italiana, espaguetis y macarrones; comida española, paella y otras cosas.

1. a. álgebra   (b.) geometría   c. química
2. a. música   b. trigonometría   (c.) arte
3. (a.) biología   b. español   c. historia
4. (a.) geografía   b. educación cívica   c. aritmética
5. a. química   b. arte   (c.) historia
6. a. música   b. sociología   (c.) educación física
7. (a.) inglés   b. física   c. geografía
8. a. biología   (b.) economía doméstica c. arte

Actividad B Look, listen, and answer.

(STM, page 194)

You are the international telephone operator. Use your time zone map to tell each caller what time it is in the country he or she is calling.

1. Por favor, operadora, ¿qué hora es en Río de Janeiro?
   (Son las tres de la tarde.)
2. En Caracas, ¿qué hora es, por favor?
   (Es la una de la tarde.)
3. ¿Qué hora es en San Francisco, operadora?
   (Son las nueve de la mañana.)
4. ¿Qué hora es en Puerto Rico?
   (Es la una de la tarde.)
5. ¿Qué hora es en Chicago, operadora?
   (Son las once de la mañana.)

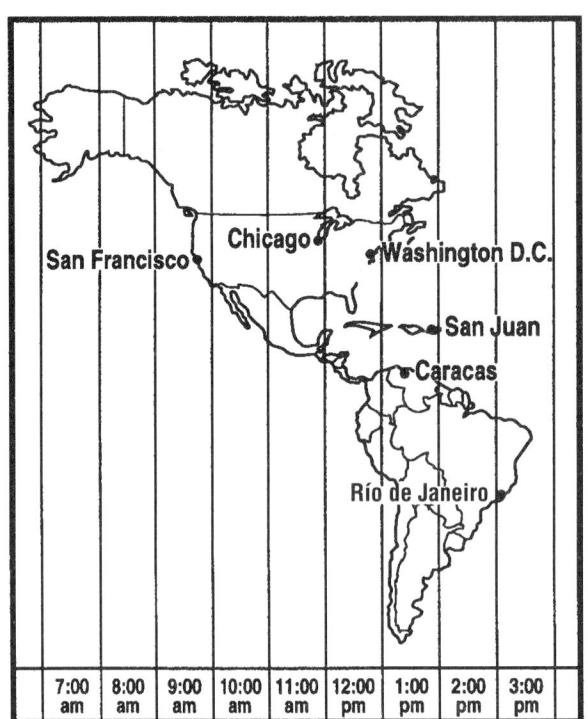

Actividad C Listen and choose.
(STM, page 194)

You will hear three interviews, each followed by several questions. Listen to the first interview. Do not repeat.

Entrevista 1: José Luis

—José Luis. ¿De dónde eres?
—Soy de Cochabamba, una ciudad en Bolivia.
—¿Eres estudiante?
—Sí, soy alumno en un colegio privado.
—¿Cuál es tu curso favorito?
—Trigonometría. Es un curso fabuloso.

You will now hear several questions about the interview. On your activity sheet circle the correct answer to each question.

1. ¿De qué ciudad es José Luis?
2. ¿De qué país es el muchacho?
3. ¿Es profesor o alumno?
4. ¿Qué clase de escuela es?
5. ¿Cuál es su curso favorito?
6. ¿Cómo es el curso?

1. Córdoba / (Cochabamba)
2. (Bolivia) / Venezuela
3. (alumno) / profesor
4. escuela pública / (colegio privado)
5. (matemáticas) / arte
6. (fabuloso) / aburrido

Listen to the second interview. Do not repeat.

Entrevista 2: Pilar

—Pilar, ¿de qué país eres?
—Soy de Bolivia, como José Luis.
—¿De qué parte?
—De la capital, La Paz.
—¿Eres alumna?
—Sí, en una escuela pública.
—¿Cuáles son tus cursos favoritos?
—Las lenguas, el francés y el inglés.

You will now hear several questions about the interview. On your activity sheet circle the correct answer to each question.

1. ¿De qué país es la muchacha?
2. ¿De qué ciudad es ella?
3. ¿Cuál es la capital de Bolivia?
4. ¿Qué es Pilar?
5. ¿Qué cursos son los favoritos de Pilar?

1. (Bolivia) / Venezuela
2. Caracas / (La Paz)
3. Caracas / (La Paz)
4. profesora / (alumna)
5. las ciencias / (las lenguas)

Listen to the third interview. Do not repeat.

Entrevista 3: Doña Flor

—Doña Flor, ¿Ud. es profesora de matemáticas?
—No, de ciencias. Biología y física.
—¿En qué escuela?
—En el Liceo Andino. Es un colegio privado en un suburbio de la capital.
—Ud. es colombiana, ¿verdad?
—De ninguna manera. Soy peruana, de Lima, la capital.
—¿Son difíciles las ciencias, doña Flor?
—No, son fáciles.

You will now hear several questions about the interview. On your activity sheet circle the correct answer to each question.

1. ¿Qué es doña Flor?
2. ¿De qué es profesora?
3. ¿Qué cursos enseña?
4. ¿De qué país es la profesora?
5. ¿Cuál es la capital del país?
6. Según doña Flor, ¿cómo son las ciencias?

1. alumna / (profesora)
2. matemáticas / (ciencias)
3. (biología y física) / álgebra y geometría
4. Colombia / (Perú)
5. (Lima) / Bogotá
6. (fáciles) / difíciles

Actividad D Listen and answer.

(STM, page 195)

You will hear an announcement. On your activity sheet you will see questions about the announcement. As you listen, write the answer to each question in the space provided.

Acaban de inaugurar la Escuela Ramón Valladares. La escuela está en San Sebastián de la Sierra, un suburbio de la capital. La escuela es una escuela vocacional y es pública. Es una escuela mixta, o coeducacional. Allí aceptan tanto muchachos como muchachas. Hay cursos en todas las asignaturas típicas, y también cursos especiales en mecánica, especialmente para automóviles, y cursos de economía doméstica. Hay un departamento especial para computadoras.

1. What have they just inaugurated?
   a new school

2. It is a public or private school?
   a public school

3. Is it for boys or for girls?
   for both boys and girls

4. What might be "asignaturas típicas"?
   math, language, history, social studies

5. What is the specialty in mechanics?
   cars

6. There is a separate department for what?
   computers

EN LA ESCUELA

PRIMERA PARTE

VOCABULARIO

Palabras 1

 Actividad A   Listen and repeat. (*Vocabulario, Palabras 1* – Textbook, pages 66–67) (*STM, page 196*)

    Listen and repeat after the speaker.

        LA ESCUELA
        la profesora
        el profesor
        la sala de clase
        el salón de clase

        llegar a la escuela
          en el bus escolar
          en autobús
          en carro
          en coche
          a pie

        una mochila
        llevar los libros en una mochila
        entrar en la sala de clase
        hablar con la profesora

        ¿A qué hora o cuándo llega Juan a la escuela?
        Juan llega a la escuela a las ocho.
        ¿A las ocho en punto?
        No, él llega a eso de las ocho.
        ¿Cómo llega Juan a la escuela?
        Él llega en el bus escolar.

Actividad B Listen and choose.

(STM, page 196)

Look at the illustrations on your activity sheet. You will hear six sentences, each describing one of the illustrations. Write the number of the sentence below the corresponding illustration.

1. Es la sala de clase.
2. Elena habla con la profesora.
3. Juan lleva los libros en una mochila.
4. Teresa llega en coche.
5. Los muchachos llegan en el bus escolar.
6. El profesor enseña español.

Actividad C Listen and choose.
(STM, page 196)

Listen to the narrative. Do not repeat.

Teresa llega a la escuela a las ocho en punto. Ella entra en la clase de inglés. El señor Martín es el profesor de inglés. Teresa toma muchos apuntes en la clase de inglés. Teresa saca buenas notas en la clase de inglés.

You will hear five statements about the narrative you just heard. If the statement is true, circle *sí* on your activity sheet. If the statement is not true, circle *no*.

1. Teresa llega a la escuela a las ocho y media.
2. Teresa estudia inglés.
3. La señora Martín es la profesora de inglés.
4. Teresa toma apuntes en la clase.
5. Teresa saca malas notas en la clase de inglés.

1. sí (no)   2. (sí) no   3. sí (no)   4. (sí) no   5. sí (no)

Palabras 2

Actividad D Listen and repeat. (*Vocabulario, Palabras 2*–Textbook, pages 69–70)
(STM, page 197)

Listen and repeat after the speaker.

EN LA SALA DE CLASE
el libro
el cuaderno
el bloc
la libreta
el pizarrón
la pizarra
el examen
una nota buena
una nota alta
una nota mala
una nota baja

El alumno estudia la lección.
Mira el libro.
Mira la pizarra.
La alumna toma apuntes en el cuaderno.
Ella toma un examen.
Saca una nota buena.
La profesora enseña.
Ella enseña bien.

Actividad E Listen and complete.

(STM, page 197)

You will hear seven incomplete sentences. Complete each sentence orally in the pause provided.

1. Juan lleva los libros en la...
   (Juan lleva los libros en la mochila.)
2. El alumno estudia y la profesora...
   (El alumno estudia y la profesora enseña.)
3. Luisa llega a la escuela en un bus...
   (Luisa llega a la escuela en un bus escolar.)
4. Felipe no llega a la escuela en autobús. Él llega a...
   (Felipe no llega a la escuela en autobús. Él llega a pie.)
5. Josefina toma apuntes en un...
   (Josefina toma apuntes en un cuaderno.)
6. Ella estudia mucho. El curso es...
   (Ella estudia mucho. El curso es difícil.)
7. La señora Olivares habla inglés y español. Ella habla dos...
   (La señora Olivares habla inglés y español. Ella habla dos lenguas.)

Actividad F Listen and choose.

(STM, page 197)

You will hear several questions, each followed by three possible answers. Choose the correct answer and circle *a, b,* or *c* on your activity sheet.

1. ¿Qué es la señora García?
   a. Profesora de inglés.
   b. Muy simpática.
   c. En la clase.
2. ¿Quién entra en la clase?
   a. La mochila.
   b. Roberto.
   c. A las ocho.
3. ¿Qué lleva Paco en la mochila?
   a. El profesor.
   b. Un bus.
   c. Libros.
4. ¿Qué es difícil?
   a. El apunte.
   b. El cuaderno.
   c. El curso.
5. ¿Cómo es la señora García?
   a. Profesora de español.
   b. Simpática.
   c. En la clase.
6. ¿Dónde estudia inglés Teresa?
   a. A las ocho en punto.
   b. Saca buenas notas.
   c. En la escuela.
7. ¿Cuántos cursos toma Elena?
   a. Español.
   b. En la escuela.
   c. Cuatro.

1. (a) b   c
2. a   (b) c
3. a   b   (c)
4. a   b   (c)
5. a   (b) c
6. a   b   (c)
7. a   b   (c)

Actividad G   Listen and write.

(*STM, page 197*)

You will hear several sentences, each followed by a question. Write the appropriate answer on your activity sheet. First listen to the examples.

Example: (*You hear*)   Roberto llega a las ocho.
                          ¿Quién?
           (*You write*) Roberto

Example: (*You hear*)   Roberto llega a las ocho.
                          ¿Cuándo?
           (*You write*) a las ocho

1. Ella toma apuntes en la clase de inglés.
   ¿Dónde?
2. El examen de español es muy difícil.
   ¿Cómo es?
3. Carlos llega a la escuela en bus a las ocho.
   ¿Adónde llega?
4. El profesor de español es inteligente y simpático.
   ¿Quién?
5. Teresa lleva seis libros en la mochila.
   ¿Cuántos?
6. Fernando llega a la escuela a pie.
   ¿Cómo?

1. __en la clase de inglés__   4. __el profesor de español__
2. __muy difícil__   5. __seis__
3. __a la escuela__   6. __a pie__

ESTRUCTURA

Actividad A   Listen and answer.
(STM, page 197)

You will hear five questions. Answer each question orally in the pause provided.

1. ¿Estudias español?
   (Sí, estudio español.)
2. ¿Llegas a la escuela a las ocho?
   (Sí, llego a la escuela a las ocho. / No, no llego a la escuela a las ocho.)
3. ¿Tú tomas cinco cursos?
   (Sí, tomo cinco cursos. / No, no tomo cinco cursos.)
4. ¿Tomas apuntes en un cuaderno?
   (Sí, tomo apuntes en un cuaderno. / No, no tomo apuntes en un cuaderno.)
5. ¿Llegas a la escuela en autobús?
   (Sí, llego a la escuela en autobús. / No, no llego a la escuela en autobús.)

Actividad B   Listen and answer.
(STM, page 197)

You will hear five questions. Answer each question orally in the pause provided.

1. ¿Qué estudias?
   (Estudio…)
2. ¿A qué hora llegas a la escuela?
   (Llego a la escuela a las…)
3. ¿Cuántos cursos tomas?
   (Tomo… cursos.)
4. ¿En qué tomas apuntes?
   (Tomo apuntes en un cuaderno.)
5. ¿Cómo llegas a la escuela?
   (Llego a la escuela…)

Actividad C   Listen and confirm.
(STM, page 197)

You will hear several sentences, but you don't hear well. In the pause provided, ask the person to confirm. First listen to the example.

Example: (You hear)   Estudio latín.
           (You say)   ¿Qué estudias?

1. Estudio latín.
   (¿Qué estudias?)
2. Llego a las nueve.
   (¿Cuándo llegas? / ¿A qué hora llegas?)
3. Entro en la clase.
   (¿En dónde entras?)
4. Miro la pizarra.
   (¿Qué miras?)
5. Saco buenas notas.
   (¿Qué sacas?)
6. Llevo uniforme.
   (¿Qué llevas?)

Actividad D Listen and confirm.

(STM, page 197)

Elena will tell you about herself on the phone. In the pause provided, you in turn tell Pablo what she says. First listen to the example.

Example: (You hear) Estudio inglés.
(You say) Elena estudia inglés.

1. Llego a la escuela a pie.
   (Elena llega a la escuela a pie.)
2. Entro en la clase de inglés.
   (Elena entra en la clase de inglés.)
3. Estudio inglés y español.
   (Elena estudia inglés y español.)
4. Hablo con la profesora.
   (Elena habla con la profesora.)
5. Llevo el cuaderno en la mochila.
   (Elena lleva el cuaderno en la mochila.)
6. Tomo apuntes en el cuaderno.
   (Elena toma apuntes en el cuaderno.)
7. Saco buenas notas en inglés.
   (Elena saca buenas notas en inglés.)

Actividad E Listen and choose.

(STM, page 198)

You will hear five statements or questions. Decide who each statement or question refers to. If you think it refers to Dr. Ramírez circle *a* on your activity sheet. If you think it refers to little Paco, circle *b*.

1. Ud. habla español muy bien.
2. ¿Llegas a la escuela en automóvil?
3. Es muy buena profesora.
4. ¿Qué llevas en la mochila?
5. Eres inteligente.

a    b

1. (a) b
2. a (b)
3. (a) b
4. a (b)
5. a (b)

Actividad F   Listen and choose.

(STM, page 198)

You will hear eight statements. If the statement is true, circle *sí* on your activity sheet. If the statement is not true, circle *no*.

1. En una escuela coeducacional estudian sólo muchachas.
2. En una escuela el alumno enseña.
3. Si un alumno estudia mucho saca buenas notas.
4. Biología, historia y matemáticas son asignaturas.
5. La capital de México es Madrid.
6. En la escuela la profesora lleva uniforme.
7. Un alumno americano toma nueve cursos.
8. El inglés y el español son lenguas.

1. sí (no)   3. (sí) no   5. sí (no)   7. sí (no)
2. sí (no)   4. (sí) no   6. sí (no)   8. (sí) no

CONVERSACIÓN

Actividad G   Listen.   (*Conversación*–Textbook, page 78)

(STM, page 198)

Listen to the conversation. Do not repeat.

ROBERTO: ¡Hola!
SUSANA: ¡Hola! ¿Quién eres?
ROBERTO: Yo soy Roberto, Roberto Davidson.
SUSANA: Y yo soy Susana del Río.
ROBERTO: Mucho gusto, Susana.
SUSANA: ¿De dónde eres, Roberto?
ROBERTO: Soy de Miami.
SUSANA: Ah, eres americano pero hablas muy bien el español.
ROBERTO: Pues, no hablo muy bien. Sólo hablo un poco. Estudio español en la escuela.
SUSANA: No, no. La verdad es que hablas muy bien, Roberto.
ROBERTO: Gracias, Susana. Eres muy amable.

Actividad H   Listen and answer.

(STM, page 198)

You will hear five questions about the conversation you just heard. Answer each question orally in the pause provided.

1. ¿Con quién habla Susana?
   (Susana habla con Roberto.)
2. ¿De dónde es Roberto?
   (Roberto es de Miami.)
3. ¿Habla español Roberto?
   (Sí, Roberto habla español.)
4. ¿Dónde estudia español Roberto?
   (Roberto estudia español en la escuela.)
5. ¿Cómo es Susana?
   (Susana es muy amable.)

PRONUNCIACIÓN

 Actividad I   Pronunciación: *Las consonantes* **l, f, p, m, n**   *(Pronunciación–Textbook, page 79)*
(STM, page 198)

The pronunciation of the consonants *l, f, p, m,* and *n* is quite similar in both Spanish and English. However, the *p* is not followed by a puff of breath as it often is in English. When you make the *p* sound in Spanish you round your lips. Listen and repeat after the speaker.

la   le   li   lo   lu
La sala de Lolita es elegante.

ma   me   mi   mo   mu
El amigo de Manolo toma un momento.

na   ne   ni   no   nu
Ana no es una alumna nueva.

fa   fe   fi   fo   fu
Felipe es profesor de física.

pa   pe   pi   po   pu
Pepe pasa por la puerta.

Elena es la amiga de Lupita.
La sala es elegante.
El profesor de física es famoso.
El papá de Pepe no fuma una pipa.

SEGUNDA PARTE

Actividad A Listen and choose.
(STM, page 198)

Listen to the announcement in a Spanish class. Do not repeat.

Muchachos, María Gutiérrez es de Costa Rica. Ella estudia en el Colegio Central. María estudia inglés y habla inglés muy bien. En Costa Rica ella toma ocho cursos. Aquí ella toma sólo tres cursos. María es una estudiante muy seria y muy buena. María, … los muchachos de la clase de español.

You will hear several questions about the announcement you just heard, each followed by two possible answers. Choose the correct answer and circle *a* or *b* on your activity sheet.

1. ¿Quién habla?
   a. María Gutiérrez.
   b. La profesora de español.
2. ¿De dónde es María?
   a. Costa Rica.
   b. España.
3. ¿Qué es María Gutiérrez?
   a. Una profesora.
   b. Una estudiante.
4. ¿Cuántos cursos toma ella en Costa Rica?
   a. Tres.
   b. Ocho.
5. ¿Cuántos cursos toma ella aquí?
   a. Tres.
   b. Ocho.
6. ¿Qué estudia María?
   a. Inglés.
   b. Español.
7. ¿Qué enseña la profesora que habla ahora?
   a. Inglés.
   b. Español.

1. a (b)   5. (a) b
2. (a) b   6. (a) b
3. a (b)   7. a (b)
4. a (b)

Actividad B   Look, listen, and answer.
(STM, page 199)

Look at Manuel Carrasco's daily schedule on your activity sheet. You will hear ten statements about the schedule, each followed by a question. On your activity sheet write a brief answer to each question. First listen to the example.

Example: (You hear)   La doctora Figueroa es una profesora excelente.
           (You also hear)   ¿De qué curso habla Manuel?
           (You write)   Geometría.

1. En la clase del señor Linares tomo muchos apuntes.
   ¿De qué curso habla Manuel?

2. Ay, ya son las once. Adiós.
   ¿A qué clase llega Manuel?

3. El profesor se llama Linares.
   ¿Qué enseña el profesor?

4. ¿La hora? Sí, son las diez y media.
   ¿Dónde estudia Manuel ahora?

5. Mi profesora de matemáticas es doctora.
   ¿De qué curso habla Manuel?

6. El examen es de Francia y Napoleón.
   ¿De qué curso habla Manuel?

7. Esta clase es de las 15:00 hasta las 15:50.
   ¿De qué curso habla Manuel?

8. Hoy el señor Campos enseña tenis o golf.
   ¿De qué clase habla Manuel?

9. La sala de clase es el tres cero seis.
   ¿De qué curso habla Manuel?

10. El profesor enseña novelas, poemas, dramas, comedias y mucho más.
    ¿De qué profesor habla Manuel?

	Curso	Docente	Salon
8:00–8:50	Historia de Europa	Sra. Alvarado Guzmán	122
9:00–9:50	Geometría	Dra. Figueroa Simón	306
10:00–10:50	Estudio individual		Teatro
11:00–11:50	Literatura	Sr. Morales Cuadra	123
11:50–14:00	Almuerzo		Cafetería
14:00–14:50	Inglés	Sr. Linares Clark	249
15:00–15:50	Química	Srta. Reyes Olivares	231
16:00–16:50	Deportes	Sr. Campos Ruiz	Gimnasio

1. **Inglés**
2. **Literatura**
3. **Inglés**
4. **Teatro**
5. **Geometría**
6. **Historia de Europa**
7. **Química**
8. **Deportes**
9. **Geometría**
10. **el Sr. Morales**

Actividad C Listen and choose.

(STM, page 199)

On your activity sheet you will see the names of exchange students with a list of countries they are from. You will hear introductions of the visiting students. Do not repeat. As you listen to each introduction, write the letter of the country each student is from next to his or her name.

> Buenos días. Los ocho estudiantes hispanos este año son: Andrés Jiménez Gaona. Andrés es español. Es de Sevilla. De San Juan de Puerto Rico es Beatriz Campos. Luisa Rodríguez Campoamor es de la ciudad de Santafé de Bogotá. De la capital de Chile, Santiago, es Ramona Carrillo Mackenna. Jorge Muñoz Franco es mexicano, del estado de Coahuila. De Caracas, capital de Venezuela, es la señorita Susana Huidobro. Antonio Villegas Luna es ecuatoriano, de la capital del Ecuador, Quito. Y, por último, Teresa Mendizábal, de la ciudad de Limón, República de Costa Rica.

__c__	Andrés Jiménez Gaona	a.	Ecuador
__f__	Beatriz Campos	b.	Chile
__h__	Luisa Rodríguez Campoamor	c.	España
__b__	Ramona Carrillo Mackenna	d.	México
__d__	Jorge Muñoz Franco	e.	Costa Rica
__g__	Susana Huidobro	f.	Puerto Rico
__a__	Antonio Villegas Luna	g.	Venezuela
__e__	Teresa Mendizábal	h.	Colombia

CAPÍTULO 4

PASATIEMPOS DESPUÉS DE LAS CLASES

PRIMERA PARTE

VOCABULARIO

Palabras 1

 Actividad A Listen and repeat.   (*Vocabulario, Palabras 1*–Textbook, pages 90–91) (*STM, page 200*)

Listen and repeat after the speaker.
DESPUÉS DE LAS CLASES
la cinta
el teléfono
el disco
la televisión
la casa
la cocina
la sala

Después de las clases…
Los amigos van a casa.
Están en la sala. Escuchan discos.
Miran la televisión.
Preparan una merienda.
Toman un refresco.
Hablan por teléfono.
Estudian en la biblioteca.

el centro comercial
Van al centro comercial.

la tienda
Trabajan en una tienda.

Actividad B   Listen and choose.

(STM, page 200)

Look at the illustrations on your activity sheet. You will hear six sentences, each describing one of the illustrations. Write the number of the sentence below the corresponding illustration.

1. Es la casa de los Romero.
2. Juan y Marta miran la televisión en la sala.
3. Felipe habla por teléfono.
4. Papá toma café en la cocina.
5. Isabel trabaja en una tienda de discos.
6. Luisa escucha discos.

Actividad C Listen and choose.

(STM, page 201)

You will hear six statements, each describing where something takes place or is located. On your activity sheet, choose the correct place and circle *a* or *b*.

1. Es donde los muchachos miran la televisión.
2. Es donde Josefina trabaja.
3. Es donde papá prepara la merienda.
4. Es donde estudiamos en la escuela.
5. Es donde están las tiendas.
6. Es donde están la cocina y la sala.

1. a. la biblioteca   (b.) la sala
2. a. el disco   (b.) la tienda
3. (a.) la cocina   b. la biblioteca
4. (a.) la biblioteca   b. la cocina
5. (a.) el centro comercial b. la casa
6. (a.) la casa   b. el centro comercial

Actividad D Listen and choose.

(STM, page 201)

You will hear eight statements. If the statement makes sense, circle *sí* on your activity sheet. If the statement does not make sense, circle *no*.

1. Los muchachos estudian en la tienda.
2. Pablo trabaja en una tienda.
3. La tienda está en un centro comercial.
4. Luis y Elena son alumnos muy serios. No van a clase.
5. Ellos miran la televisión en el autobús.
6. José prepara una merienda en la cocina.
7. Los muchachos toman la merienda en la biblioteca.
8. Después de las clases todos van a la escuela.

1. sí (no)   3. (sí) no   5. sí (no)   7. sí (no)
2. (sí) no   4. sí (no)   6. (sí) no   8. sí (no)

Palabras 2

 Actividad E Listen and repeat. (*Vocabulario, Palabras 2*–Textbook, pages 94–95)
(STM, page 201)

Listen and repeat after the speaker.

UNA FIESTA
María da una fiesta.
Ella invita a los amigos.
Los amigos van a la fiesta.
Ellos llegan a la casa de María.

Durante la fiesta todos…   José toca el piano.
bailan   la guitarra
cantan   el violín
Están en la sala.   la trompeta

Actividad F Listen.
(STM, page 201)

Listen to the narrative. Do not repeat.

María da una fiesta. Da la fiesta en casa, no en un café o restaurante. Ella invita a los amigos a la fiesta. Durante la fiesta todos cantan y bailan. José toca el piano. María prepara refrescos para la fiesta. Los amigos toman los refrescos.

Actividad G Listen and choose.
(STM, page 201)

You will hear seven questions about the narrative you just heard. On your activity sheet you will see three possible answers for each question. Choose the correct answer and circle *a*, *b*, or *c*.

1. ¿Qué da María?
2. ¿A quiénes invita María?
3. ¿Dónde da María la fiesta?
4. ¿Todos cantan en la fiesta?
5. ¿Qué toca José?
6. ¿Quién prepara refrescos?
7. ¿Qué toman los amigos?

1. a. una merienda   b. una guitarra   (c.) una fiesta
2. a. a los hermanos   (b.) a los amigos   c. a la profesora
3. a. en un café   (b.) en casa   c. en una clase
4. a. No, no cantan.   b. Sí, y también estudian.   (c.) Sí, y también bailan.
5. a. el violín   (b.) el piano   c. la trompeta
6. (a.) María   b. José   c. los muchachos
7. (a.) refrescos   b. una merienda   c. café

Actividad H Listen and answer.

(STM, page 201)

You will hear seven questions. Answer each question orally in the pause provided, telling where you do each of the following.

1. ¿Dónde miras la televisión?
   (Miro la televisión en la sala.)
2. ¿Dónde tomas un refresco?
   (Tomo un refresco en la cocina.)
3. ¿Dónde trabajas?
   (Trabajo en una tienda en el centro comercial.)
4. ¿Dónde preparas una merienda?
   (Preparo una merienda en la cocina.)
5. ¿Dónde hablas por teléfono?
   (Hablo por teléfono en casa. / Hablo por teléfono en la sala.)
6. ¿Dónde escuchas discos?
   (Escucho discos en casa. / Escucho discos en la sala.)
7. ¿Dónde estudias?
   (Estudio en la biblioteca. / Estudio en la escuela. / Estudio en casa.)

Actividad I Listen and answer.

(STM, page 201)

You will hear six questions. Use the cues on your activity sheet and the word *no* to answer each question orally in the pause provided. First listen to the example.

Example: *(You hear)* ¿Pablo escucha el violín?
          (You see)   tocar
          (You say)   No, Pablo toca el violín.

1. ¿Uds. cantan?
   (No, nosotros bailamos.)
2. ¿Los muchachos preparan una merienda?
   (No, los muchachos toman una merienda.)
3. ¿Roberto trabaja en la biblioteca?
   (No, Roberto estudia en la biblioteca.)
4. ¿Tú estudias en la tienda?
   (No, yo trabajo en la tienda.)
5. Y Marta, ¿ella escucha discos?
   (No, Marta mira la televisión.)
6. Y tú, ¿tocas el piano?
   (No, yo escucho el piano.)

1.	bailar	3.	estudiar	5.	mirar la televisión
2.	tomar	4.	trabajar	6.	escuchar

ESTRUCTURA

Actividad A Listen and choose.
(STM, page 202)

You will hear several questions, each followed by three possible answers. Choose the correct answer and circle *a, b,* or *c* on your activity sheet.

1. ¿Tú miras la televisión?
    a. Sí, mira la tele.
    b. Sí, miro la tele.
    c. Sí, miras la tele.

2. ¿Ellos estudian español?
    a. Sí, estudian español.
    b. Sí, estudiamos español.
    c. Sí, estudia español.

3. ¿Hablan Uds. mucho?
    a. Sí, hablan mucho.
    b. Sí, hablamos mucho.
    c. Sí, hablas mucho.

4. ¿Yo hablo mucho?
    a. Sí, hablas mucho.
    b. Sí, hablo mucho.
    c. Sí, hablamos mucho.

5. ¿Tú y Fernando sacan buenas notas?
    a. Sí, saca buenas notas.
    b. Sí, sacan buenas notas.
    c. Sí, sacamos buenas notas.

6. ¿Los alumnos van a la biblioteca?
    a. Sí, van a la biblioteca.
    b. Sí, va a la biblioteca.
    c. Sí, vas a la biblioteca.

7. ¿Hablan Uds. inglés en casa?
    a. Sí, hablan inglés en casa.
    b. Sí, hablas inglés en casa.
    c. Sí, hablamos inglés en casa.

8. ¿Teresa va a pie?
    a. Sí, va a pie.
    b. Sí, van a pie.
    c. Sí, vamos a pie.

1. a (b) c   4. (a) b c   7. a b (c)
2. (a) b c   5. a b (c)   8. (a) b c
3. a (b) c   6. (a) b c

Actividad B Listen and answer.
(STM, page 202)

You will hear seven questions. Use the cues on your activity sheet to answer each question orally in the pause provided.

1. ¿Adónde van los muchachos?
   (Los muchachos van a la fiesta.)
2. ¿Cómo van a la fiesta?
   (Van a la fiesta a pie.)
3. ¿Quiénes dan la fiesta?
   (Marta y Sara dan la fiesta.)
4. ¿Dónde dan la fiesta?
   (Dan la fiesta en casa.)
5. ¿Tú vas a la fiesta también?
   (Sí, yo voy a la fiesta también.)
6. ¿Quién está allí ahora?
   (Sara está allí ahora.)
7. Y tú, ¿cómo estás?
   (Yo estoy bien.)

1. fiesta
2. a pie
3. Marta y Sara
4. en casa
5. sí
6. Sara
7. bien

Actividad C Listen and choose.
(STM, page 202)

You will hear six questions. Use a word from the list on your activity sheet to answer each question orally in the pause provided.

1. Vamos a la escuela. ¿Dónde estamos?
   (Uds. están en el autobús. / Nosotros estamos en el autobús.)
2. Martín y Susana bailan. ¿Dónde están?
   (Están en una fiesta.)
3. Andrés mira la televisión. ¿Dónde está?
   (Está en la sala.)
4. Los muchachos estudian. ¿Dónde están?
   (Están en la clase.)
5. Papá prepara la merienda. ¿Dónde está?
   (Está en la cocina.)
6. El señor Gil usa el microscopio. ¿Dónde está?
   (Está en el laboratorio.)

| una fiesta | la sala | la clase |
| la cocina | el autobús | el laboratorio |

CONVERSACIÓN

 Actividad D Listen. (*Conversación*–Textbook, page 104)
(*STM, page 202*)

    Listen to the conversation. Do not repeat.

    ALFREDO: ¿Cómo estás?
    TOMÁS: Bien, ¿y tú?
    ALFREDO: Muy bien. Oye, ¿adónde vas el viernes?
    TOMÁS: ¿El viernes? Voy al trabajo como siempre.
    ALFREDO: ¿Al trabajo? ¿Dónde trabajas?
    TOMÁS: Pues, Clarita y yo trabajamos en una tienda de discos.
    ALFREDO: Clarita también, ¿eh? Entonces, ¿Uds. no van a la fiesta de María?
    TOMÁS: Sí, vamos. Pero después del trabajo.

Actividad E Listen and choose.
(*STM, page 202*)

You will hear six questions about the conversation you just heard. On your activity sheet you will see two possible answers for each question. Choose the correct answer and circle *a* or *b*.

1. ¿Cómo están los dos muchachos?
2. ¿Dónde trabaja uno de los muchachos?
3. ¿Quién más trabaja en la tienda?
4. ¿En qué clase de tienda trabajan?
5. ¿Quién da una fiesta el viernes?
6. ¿Cuándo van a la fiesta Clarita y el muchacho?

1. (a.) bien   b. mal
2. a. en una fiesta   (b.) en una tienda
3. (a.) Clarita   b. María
4. a. en una tienda de libros   (b.) en una tienda de discos
5. a. Clarita   (b.) María
6. (a.) después del trabajo   b. no van

PRONUNCIACIÓN

 Actividad F Pronunciación: *La consonante* t (*Pronunciación*–Textbook, page 105)
(*STM, page 202*)

> The *t* in Spanish is pronounced with the tip of the tongue pressed against the upper teeth. Like the Spanish *p*, it is not followed by a puff of air. The Spanish *t* is extremely clear. Listen and repeat after the speaker.
>
> | ta | te | ti | to | tu |
> |----|----|----|----|----|
> | taco | Teresa | tienda | toma | tú |
> | fruta | televisión | tiempo | tomate | estudia |
> | está | teléfono | latín | Juanito | estupendo |
>
> Tito toca la trompeta durante la fiesta.
> Tú estudias latín.
> Teresa invita a Tito a la fiesta.

SEGUNDA PARTE

Actividad A Listen.
(*STM, page 203*)

> Listen to the conversation. Do not repeat.
>
> JORGE: Aló.
> MERCEDES: ¿Eres tú, Jorge?
> JORGE: Sí, Mercedes. ¿Cómo estás?
> MERCEDES: Muy bien, gracias. Oye, Jorge, ¿adónde vas después de las clases hoy?
> JORGE: Pues, a casa, ¿por qué?
> MERCEDES: Vamos a casa de Leonor. Ella invita a todos a escuchar discos y a bailar.
> JORGE: Entonces yo voy también. ¿Dónde está la casa de Leonor?
> MERCEDES: En la calle Mayor, número 14. Yo voy a las tres y media. ¿A qué hora vas tú?
> JORGE: Yo voy a las cuatro. Yo llevo unos refrescos.
> MERCEDES: Y yo llevo unos discos de rock.
> JORGE: Hasta luego, Mercedes.
> MERCEDES: Adiós, Jorge.

Actividad B Listen and choose.

(STM, page 203)

You will hear several questions about the conversation you just heard. On your activity sheet you will see three possible answers for each question. Choose the correct answer and circle *a*, *b*, or *c*.

1. ¿Quién es el muchacho que habla?
2. ¿Quién es la muchacha que habla?
3. ¿Quién está muy bien?
4. ¿Adónde va el muchacho después de las clases?
5. ¿Quién invita a todos los muchachos?
6. ¿Adónde van todos?
7. ¿Para qué van allí?
8. ¿Qué está en la calle Mayor?
9. ¿Cuál es el número de la casa?
10. ¿Quién va allí a las tres y media?
11. ¿A qué hora va Jorge?
12. ¿Qué lleva Jorge a la fiesta?
13. ¿Qué lleva Mercedes?

1. a. Mercedes   (b.) Jorge   c. Leonor
2. (a.) Mercedes   b. Jorge   c. Leonor
3. (a.) Mercedes   b. Jorge   c. Leonor
4. a. a la tienda   (b.) a casa   c. a la biblioteca
5. a. Mercedes   b. Jorge   (c.) Leonor
6. a. a casa de Jorge (b.) a casa de Leonor   c. a clase
7. a. para estudiar   b. para mirar la televisión   (c.) para bailar
8. (a.) la casa de Leonor b. la tienda   c. la escuela
9. a. 4   (b.) 14   c. 40
10. (a.) Mercedes   b. Jorge   c. Leonor
11. a. 3:00   b. 3:30   (c.) 4:00
12. a. discos   b. una merienda   (c.) refrescos
13. (a.) discos   b. una merienda   c. refrescos

Actividad C Listen.

(STM, page 203)

Listen to the conversation. Do not repeat.

JUAN: Hola. Yo soy Juan Luis Arrayanes. Soy de Colombia. ¿Y tú?
CAROLINA: Carolina Denia. Yo soy paraguaya. Eres amigo de Luis Oliver, ¿verdad? Él invita a los amigos a bailar todos los sábados.
JUAN: Sí, soy amigo de Luis. Somos estudiantes en la universidad.
CAROLINA: Tú, ¿qué estudias?
JUAN: Ciencias, especialmente biología. Voy a ser biólogo. ¿Y tú?
CAROLINA: Yo trabajo. En la televisión. Soy bailarina.
JUAN: ¿Tú bailas? ¿Profesionalmente?
CAROLINA: Claro que sí. Y bailo muy, muy bien.
JUAN: Escucha la música. ¿Bailamos?
CAROLINA: Sí, sí. Es un disco de salsa. Tocan un número favorito.
JUAN: Pues, a bailar, entonces.

Actividad D Listen and choose.

(STM, page 203)

You will hear several questions about the conversation you just heard, each followed by three possible answers. Choose the correct answer and circle *a*, *b*, or *c* on your activity sheet.

1. ¿De quién son amigos las dos personas?
   a. Juan Luis Arrayanes.
   b. Carolina Denia.
   c. Luis Oliver.

2. ¿De dónde es el muchacho que habla?
   a. Colombia.
   b. España.
   c. Paraguay.

3. ¿De dónde es la muchacha?
   a. Colombia.
   b. España.
   c. Paraguay.

4. ¿A qué invita Luis Oliver a los amigos?
   a. A cantar.
   b. A una merienda.
   c. A bailar.

5. ¿Para qué día invita a los amigos?
   a. Lunes.
   b. Sábado.
   c. Domingo.

(exercise continued on next page)

6. ¿Qué es Juan Luis Arrayanes?
   a. Bailarín.
   b. Biólogo.
   c. Estudiante.

7. ¿Qué estudia el muchacho?
   a. Música.
   b. Ciencias.
   c. Baile.

8. ¿Qué es Carolina Denia?
   a. Bailarina.
   b. Estudiante.
   c. Bióloga.

9. ¿Dónde trabaja la muchacha?
   a. En la universidad.
   b. En un laboratorio.
   c. En la televisión.

10. ¿Qué clase de música tocan?
    a. Tocan salsa.
    b. Tocan jazz.
    c. Tocan rock.

11. ¿A qué le invita Juan Luis a Carolina?
    a. A estudiar.
    b. A trabajar.
    c. A bailar.

1. a b (c)   5. a (b) c   9. a b (c)
2. (a) b c   6. a b (c)   10. (a) b c
3. a b (c)   7. a (b) c   11. a b (c)
4. a b (c)   8. (a) b c

Actividad E Listen and choose.
(STM, page 203)

You will hear ten questions or statements, each followed by a comment. If the comment makes sense, circle *sí* on your activity sheet. If the comment does not make sense, circle *no*.

1. La señora Gorostiza enseña biología y física.
   Ella es profesora de música.
2. Manuel va a la biblioteca todas las tardes.
   Es un alumno muy serio.
3. Ramón prepara una merienda.
   Ah, está en la cocina.
4. ¿Cómo estás, Josefina?
   Estoy en la escuela.
5. Es importante hablar con mi papá.
   Allí está el teléfono.
6. ¿Ramón trabaja todos los días?
   Sí, en una tienda de discos.
7. ¿Qué clase de música tocan ellos?
   Radios y discos.
8. ¿Qué miras, Antonia?
   La televisión.
9. ¿Qué prepara el señor Romero?
   Un deporte.
10. ¿Dónde están todos los muchachos?
    En el Centro Comercial.

1. sí (no)   3. (sí) no   5. (sí) no   7. sí (no)   9. sí (no)
2. (sí) no   4. sí (no)   6. (sí) no   8. (sí) no   10. (sí) no

Actividad F **Listen and match.**

(STM, page 204)

Look at the illustrations on your activity sheet. You will hear eight short narratives, each describing one of the people in the illustrations. Write the letter of the illustration next to the name of the person being described.

1. Yo soy Pablo. Yo no estoy bien. Yo estoy en casa. Yo no voy a la fiesta. No voy a la escuela. No estoy bien.

2. Yo soy María. Todos los sábados yo voy a los bailes. Bailo durante horas y horas.

3. Y yo soy Susana. Yo soy estudiante de música. Yo toco el piano. Toco muy bien. Voy a ser pianista profesional.

4. Soy Roberto. Yo no toco ningún instrumento musical. No toco el piano, ni la trompeta, ni la guitarra, nada. Pero sí, escucho música. Escucho música en discos, muchos discos. Discos de música popular, discos de rock, discos de música clásica. Escucho discos de toda clase de música.

5. Mi nombre es Beatriz. Cuando hace calor tomo refrescos. Refrescos de fruta, cola, limonada.

6. Yo soy Fernando. Yo trabajo en una tienda. La tienda está en el centro comercial. Yo trabajo tres noches a la semana.

7. Yo soy Elena. Soy amiga de Teresa. Teresa y yo hablamos por teléfono todos los días. Hablamos mucho por teléfono. Hablamos de muchas cosas. Hablamos de las clases, de las fiestas, y también hablamos de los muchachos.

8. Y yo soy Carlos. Cuando damos una fiesta, yo preparo la merienda. Preparo la merienda en la cocina. Yo preparo cosas muy buenas: tacos, enchiladas, diferentes sándwiches. Soy un cocinero excelente.

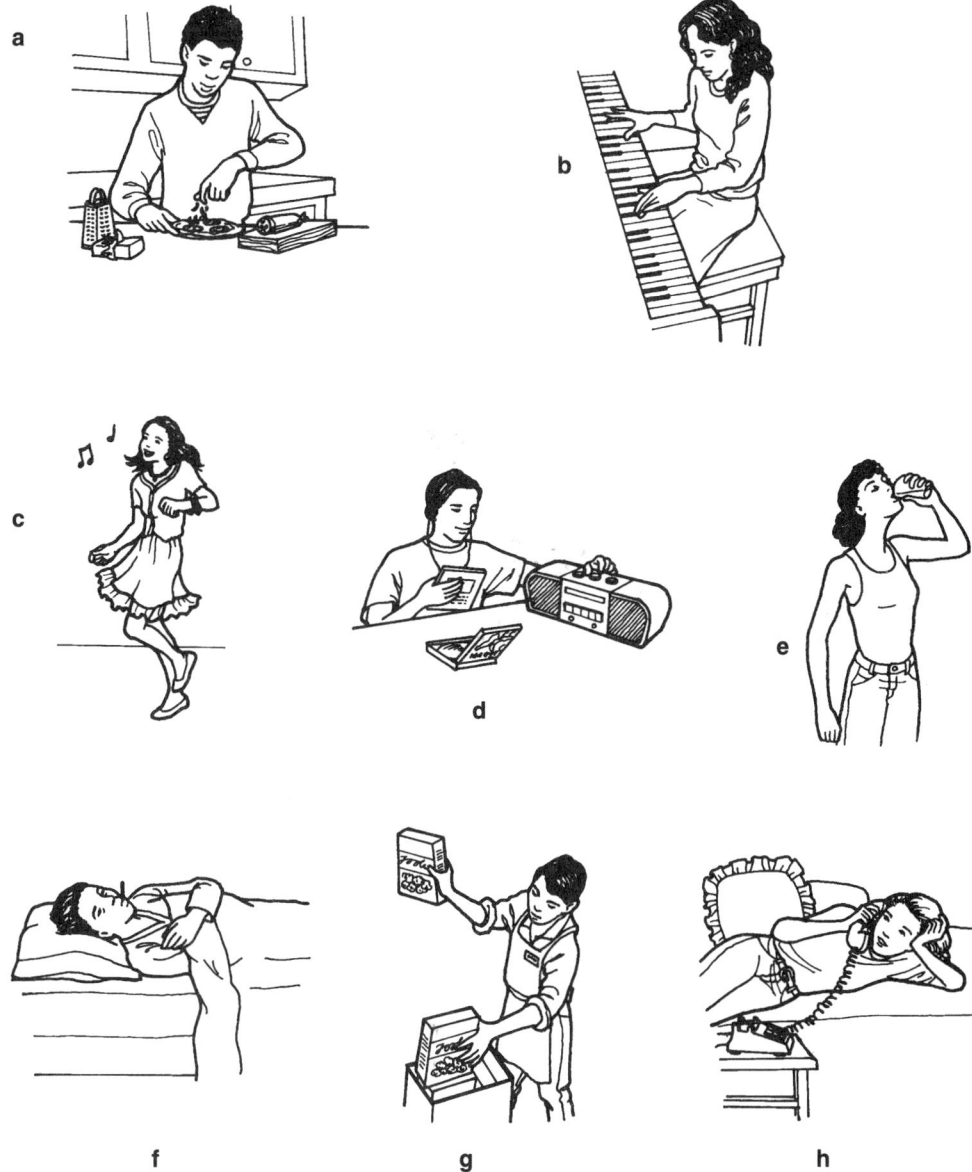

1. __f__ Pablo
2. __c__ María
3. __b__ Susana
4. __d__ Roberto
5. __e__ Beatriz
6. __g__ Fernando
7. __h__ Elena
8. __a__ Carlos

Actividad G Look, listen, and answer.

(STM, page 205)

Look at the questions on your activity sheet as you listen to a classified advertisement for a job. Do not repeat.

Trabajo a tiempo parcial. La tienda *La Perfecta* necesita una persona para trabajar los viernes por la tarde de 4 a 8, y todo el día los sábados. No importa si es muchacho o muchacha. La persona tiene que tener más de diez y seis años de edad. La tienda está en el Centro Comercial Nacional. La tienda es una tienda de radios, televisores y discos. Es posible hablar por teléfono con la directora de *La Perfecta*, Doña Perfecta Gómez. Llamar al 2-22-33 de lunes a sábado entre las 2 y las 6 de la tarde.

Now listen to the advertisement again and answer the questions on your activity sheet with one or two words.

1. Is the job full-time or part-time?
   part-time

2. What is the name of the store?
   La Perfecta

3. Do they want a boy or a girl?
   either a boy or a girl

4. How old must the worker be?
   at least 17 years old

5. Where is the store located?
   in the Centro Comercial Nacional

6. What do they sell at the store?
   radios, televisions, and records

7. How can a person get in touch with the owner?
   by telephone

8. What is the owner's name?
   Doña Perfecta Gómez

9. What is her phone number?
   2-22-33

10. What days can she be called on the phone?

    Monday through Saturday

11. Between what hours can she be called?

    between 2 and 6 P.M.

CAPÍTULO 5

ACTIVIDADES DEL HOGAR

PRIMERA PARTE

VOCABULARIO

Palabras 1

 Actividad A Listen and repeat. (*Vocabulario, Palabras 1*–Textbook, pages 128–129) (*STM, page 206*)

Listen and repeat after the speaker.

¿DÓNDE VIVE?
la ciudad
el pueblo
el campo
los suburbios
las afueras
el edificio
a la izquierda
a la derecha
la avenida
la calle

el quinto piso
el cuarto piso
el tercer piso
el segundo piso
el primer piso
la planta baja

la escalera
el ascensor
La familia Castillo vive en un apartamento.
Ellos viven en el quinto piso.
Ellos suben al quinto piso en el ascensor.
No suben por (toman) la escalera.

La familia Delgado vive en una casa particular (privada).
Ellos viven en las afueras de la ciudad.
Viven en los suburbios.
Hay seis cuartos en la casa de los Delgado.

el cuarto
el cuarto de dormir
el dormitorio
la habitación
la sala
el comedor
la cocina
el cuarto de baño

Actividad B   Listen and repeat.

(STM, page 206)

Let's count from one to ten and from first to tenth in Spanish. Listen and repeat after the speaker.

uno	primer, primero
dos	segundo
tres	tercer, tercero
cuatro	cuarto
cinco	quinto
seis	sexto
siete	séptimo
ocho	octavo
nueve	noveno
diez	décimo

Actividad C   Listen.

(STM, page 206)

Listen to the conversation. Do not repeat.

—Oye, Eloísa. Tú vives en Santa Cruz, ¿no?
—Sí, vivo en Santa Cruz. Soy boliviana.
—¿Dónde vives en Santa Cruz?
— En la Avenida Sucre, ciento diez.
—¿Viven Uds. en un apartamento o en una casa privada?
—En un apartamento.
—¿Viven Uds. en la planta baja?
—No. Vivimos en el segundo piso.

Actividad D   Listen and choose.

(STM, page 206)

You will hear five statements about the conversation you just heard. If the statement is true, circle *sí* on your activity sheet. If the statement is not true, circle *no*.

1. Eloísa vive en Madrid.
2. Ella es boliviana.
3. La familia de Eloísa vive en un apartamento.
4. Viven en la planta baja.
5. Ellos viven en la ciudad de Santa Cruz.

1. sí (no)   2. (sí) no   3. (sí) no   4. sí (no)   5. (sí) no

Actividad E   Listen and choose.

(STM, page 206)

Look at the floor plan of the house on your activity sheet. You will hear six questions about the house. On your activity sheet, choose the correct answer to each question and circle *a* or *b*.

1. ¿Cuántos cuartos hay en la planta baja?
2. ¿Cuántos cuartos están en el primer piso?
3. ¿En qué piso está la cocina?
4. ¿En qué piso está la sala?
5. ¿En qué piso están las habitaciones?
6. ¿En qué piso está el comedor?

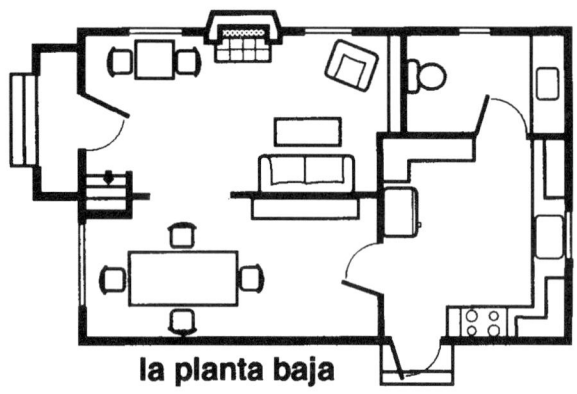
la planta baja

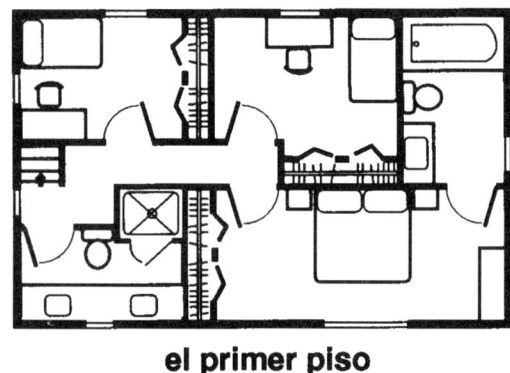
el primer piso

1. (a.) cuatro   b. seis
2. a. cuatro   (b.) cinco
3. (a.) planta baja   b. primer piso
4. (a.) planta baja   b. primer piso
5. a. planta baja   (b.) primer piso
6. (a.) planta baja   b. primer piso

Palabras 2

 Actividad F Listen and repeat. (*Vocabulario, Palabras 2*–Textbook, pages 132–133) (*STM, page 207*)

Listen and repeat after the speaker.

ACTIVIDADES EN CASA
las comidas
el desayuno
el almuerzo
la cena

Joselito come.
¿Qué come?
las papas
la sopa
la ensalada
la carne
el sándwich
el bocadillo
el helado
el postre

Teresita bebe.
¿Qué bebe?
una gaseosa
un vaso de leche
un café
una limonada

Papá lee.
Papi lee.
¿Qué lee?
una revista
un libro
una novela
un periódico

Mamá escribe.
¿Qué escribe?
una carta
una tarjeta postal
una invitación
¿Con qué escribe?
el lápiz
el bolígrafo

siempre
siempre no, a veces

La familia ve la televisión.
¿Qué ven?
una telenovela
una película
una emisión deportiva
las noticias

Actividad G   Listen and choose.
(STM, page 207)

Look at the illustrations on your activity sheet. You will hear three sentences, each describing one of the illustrations. Write the number of the sentence below the corresponding illustration.

1. Los muchachos comen el almuerzo en la escuela.
2. Pero toman el desayuno en la cocina.
3. Sí, y la cena en el comedor.

    1   3   2

Actividad H   Listen and repeat.
(STM, page 207)

Listen and repeat after the speaker.

Joselito come.
¿Qué come?
la sopa
la carne
las papas
la ensalada
el sándwich
el postre
el helado

Actividad I   Listen and choose.
(STM, page 207)

Look at the illustrations on your activity sheet. You will hear six sentences, each describing one of the illustrations. Write the number of the sentence below the corresponding illustration.

1. Mamá come una ensalada.
2. Papá come la carne.
3. Joselito toma helado de postre.
4. Y yo tomo la sopa.
5. Susana come las papas.
6. Adela come un sándwich.

Actividad J   Listen and repeat.
(STM, page 207)

Listen and repeat after the speaker.

Teresita bebe.
¿Qué bebe?
una gaseosa
un café
un vaso de leche
una limonada

Actividad K Listen and choose.

(STM, page 208)

Look at the illustrations on your activity sheet. You will hear three sentences, each describing one of the illustrations. Write the number of the sentence below the corresponding illustration.

1. Teresita bebe una limonada.
2. La señora toma un café.
3. Joselito bebe un vaso de leche.

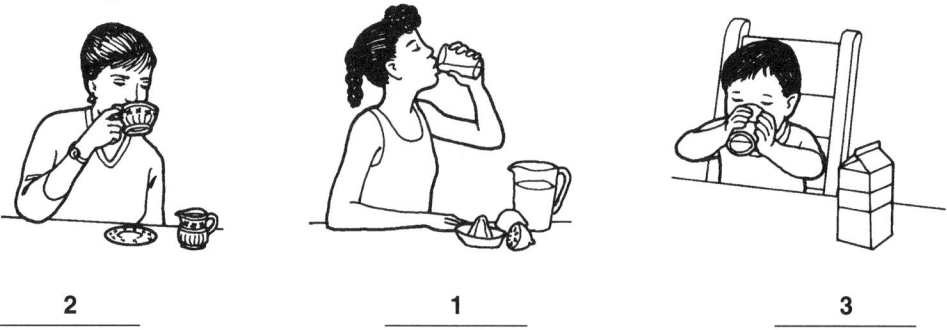

      2   1   3

Actividad L Listen and repeat.

(STM, page 208)

Listen and repeat after the speaker.

Papá lee.
¿Qué lee?
un libro
una novela
un periódico
una revista

Actividad M Listen and choose.

(STM, page 208)

Look at the illustrations on your activity sheet. You will hear three sentences, each describing one of the illustrations. Write the number of the sentence below the corresponding illustration.

1. Mami lee el periódico.
2. Papi lee una revista.
3. Susana lee un libro.

      3   1   2

Actividad N Listen and repeat.

(STM, page 208)

Listen and repeat after the speaker.

Mamá escribe.
¿Qué escribe?
una carta
una tarjeta postal
una invitación
¿Con qué escribe?
el lápiz
el bolígrafo

Actividad O Listen and choose.

(STM, page 208)

Look at the illustrations on your activity sheet. You will hear three sentences, each describing one of the illustrations. Write the number of the sentence below the corresponding illustration.

1. Mamá escribe una invitación.
2. Papá escribe una carta con un bolígrafo.
3. Luisa escribe una tarjeta postal con un lápiz.

1

3

2

Actividad P Listen and repeat.

(STM, page 208)

Listen and repeat after the speaker.

La familia ve la televisión.
¿Qué ven?
una película
una telenovela
una emisión deportiva
las noticias

Actividad Q Listen and choose.
(STM, page 208)

Look at the illustrations on your activity sheet. You will hear three sentences, each describing one of the illustrations. Write the number of the sentence below the corresponding illustration.

1. Los muchachos ven una película.
2. La señora Ramírez ve las noticias.
3. El señor Ramírez ve una emisión deportiva.

      3   2   1

Actividad R Listen and repeat.
(STM, page 209)

Listen and repeat after the speaker.
    siempre
    siempre no, a veces

Actividad S Listen and choose.
(STM, page 209)

You will hear five questions. Tell whether you do this sometimes or all the time by circling *siempre* or *a veces* on your activity sheet. Since there is more than one correct answer to each item, you will not hear any recorded responses.

1. ¿Tomas el desayuno en casa?
2. ¿Ves las noticias en la televisión?
3. ¿Lees el periódico?
4. ¿Comes en un restaurante?
5. ¿Estudias en la biblioteca?

1. siempre   a veces   4. siempre   a veces

2. siempre   a veces   5. siempre   a veces

3. siempre   a veces

ESTRUCTURA

Actividad A Listen and answer.
(STM, page 209)

Carmen Calderón, a student from Chile, is going to interview you. Answer her questions orally in the pause provided.

1. ¿Dónde vives?
   (Vivo en…)
2. ¿Viven Uds. en un apartamento o en una casa privada?
   (Vivimos en…)
3. ¿En qué calle vives?
   (Vivo en la calle…)
4. ¿En qué cuarto comen Uds. la cena?
   (Comemos la cena en…)
5. ¿Qué aprendes en la escuela?
   (En la escuela aprendo…)
6. ¿Aprenden Uds. mucho en la clase de español?
   (Sí, aprendemos mucho en la clase de español.)
7. ¿Leen y escriben Uds. en la clase de español?
   (Sí, leemos y escribimos en la clase de español.)

Actividad B Listen and choose.
(STM, page 209)

You will hear several questions, each followed by three possible answers. Choose the correct answer and circle *a, b,* or *c* on your activity sheet.

1. ¿Comes mucho?
   a. No, no como mucho.
   b. No, no comen mucho.
   c. No, no comes mucho.

2. ¿Escriben Uds. mucho?
   a. Sí, escribo mucho.
   b. Sí, escriben mucho.
   c. Sí, escribimos mucho.

3. ¿Vive Carmen en el Perú?
   a. No, vive en Chile.
   b. No, vives en Chile.
   c. No, vivo en Chile.

4. ¿Qué ven ellos en la tele?
   a. Ve una telenovela.
   b. Vemos una telenovela.
   c. Ven una telenovela.

5. ¿Qué aprenden Uds. en la escuela?
   a. Aprendemos muchísimo.
   b. Aprenden muchísimo.
   c. Aprendes muchísimo.

6. ¿A qué piso subo?
   a. Suben al quinto.
   b. Subo al quinto.
   c. Subes al quinto.

1. (a) b c   3. (a) b c   5. (a) b c
2. a b (c) 4. a b (c) 6. a b (c)

CONVERSACIÓN

 Actividad C   Listen. (*Conversación*–Textbook, page 142)
(*STM, page 209*)

    Listen to the conversation. Do not repeat.

        FELIPE: Oye, Casandra. Tú vives en Madrid, ¿no?
   CASANDRA: Sí, soy madrileña y muy castiza.
        FELIPE: ¿Dónde vives en Madrid?
   CASANDRA: Vivo en Goya, cuarenta y ocho.
        FELIPE: ¿En Goya?
   CASANDRA: Sí, en la calle Goya.
        FELIPE: ¿Uds. viven en la planta baja?
   CASANDRA: No, vivimos en el segundo izquierda.

Actividad D   Listen and choose.
(*STM, page 209*)

You will hear seven questions about the conversation you just heard. If the answer is yes, circle *sí* on your activity sheet. If the answer is no, circle *no*.

1. ¿Vive Casandra en México?
2. ¿Es madrileña Casandra?
3. ¿Vive ella en la calle Goya?
4. ¿Vive en el número ochenta y cuatro?
5. ¿Vive sola Casandra?
6. ¿Viven ellos en el segundo piso?
7. ¿Viven en el segundo a la derecha?

1. sí (**no**)   5. sí (**no**)
2. (**sí**) no   6. (**sí**) no
3. (**sí**) no   7. sí (**no**)
4. sí (**no**)

PRONUNCIACIÓN

 Actividad E   Pronunciación: *La consonante* d   (*Pronunciación*–Textbook, page 143)
(STM, page 209)

The pronunciation of the consonant *d* in Spanish varies according to its position in the word. When a word begins with *d* (initial position) or follows the consonants *l* or *n*, the tongue gently strikes the back of the upper front teeth. Listen and repeat after the speaker.

da	de	di	do	du
da	de	Diego	donde	duque
tienda	derecha	disco	segundo	

When *d* appears within the word between vowels (medial position), the *d* is extremely soft. To pronounce this *d* properly, your tongue should strike the lower part of your upper teeth, almost between the upper and lower teeth. Listen and repeat after the speaker.

da	de	di	do	du
privada	Adela	estudio	helado	educación
ensalada	modelo	media	estado	

When a word ends in *d* (final position), the *d* is either extremely soft or omitted completely, not pronounced. Listen and repeat after the speaker.

ciudad   nacionalidad

Diego da el dinero a Donato en la ciudad.
El empleado vende helado y limonada.
Adela compra la merienda en la tienda.

SEGUNDA PARTE

Actividad A   Listen.
(STM, page 210)

Listen to the conversation. Do not repeat.

—Los Romero no viven aquí en la capital, ¿verdad?
—No, no. Hace años que ellos no están aquí.
—Pues, ¿dónde viven ahora?
—Viven en Rosales, un pueblo pequeño a unos treinta kilómetros de aquí.

Actividad B Listen and choose.

(STM, page 210)

You will hear several questions, each followed by two possible answers. Choose the correct answer and circle *a* or *b* on your activity sheet.

1. ¿Dónde viven los Romero?
   a. Viven en la capital.
   b. Viven en Rosales.
2. ¿Qué es Rosales?
   a. Es el nombre de la familia.
   b. Es el nombre de un pueblo.
3. ¿A qué distancia está Rosales?
   a. A veinte kilómetros.
   b. A treinta kilómetros.

1. a **(b)**   2. a **(b)**   3. a **(b)**

Actividad C Listen and choose.

(STM, page 210)

You will hear several announcements about where things are located in a large commercial building. On your activity sheet, circle the number of the floor to which each announcement refers.

1. Las oficinas de Salas, Rodríguez y Marín se encuentran en el octavo piso a la izquierda.
2. La cafetería se encuentra en el tercer piso.
3. En el quinto piso están los servicios médicos del distrito.
4. Suban al séptimo piso para los estudios de televisión.
5. En el cuarto piso venden periódicos y revistas.
6. La consulta de la doctora Nuñez está en el segundo piso.

1. 1 2 3 4 5 6 7 **(8)** 9
2. 1 2 **(3)** 4 5 6 7 8 9
3. 1 2 3 4 **(5)** 6 7 8 9
4. 1 2 3 4 5 6 **(7)** 8 9
5. 1 2 3 **(4)** 5 6 7 8 9
6. 1 **(2)** 3 4 5 6 7 8 9

Actividad D Listen and choose.

(STM, page 210)

Look at the illustrations on your activity sheet. You will hear six short narratives, each describing one of the illustrations. Write the number of the sentence below the corresponding illustration.

1. Elena es una persona muy seria. Todo el día ella lee libros. Ella siempre lee. Por eso aprende mucho.
2. Antonio no lee nada. Antonio solamente come. No importa qué. Postres, helados, todo.
3. Teresa, la muchacha de Costa Rica, siempre escribe cartas a la familia. Ella escribe cartas todos los días.
4. Fernando vive en un apartamento en el octavo piso. Él siempre sube en el ascensor.
5. En el verano Marta bebe muchos refrescos porque trabaja mucho.
6. Roberto está en la sala. Él ve la televisión, un programa de deportes.

Actividad E Look, listen, and choose.

(STM, page 211)

Look at the questions and answers on your activity sheet as you listen to a conversation between a realtor and a client. Do not repeat.

—Bueno, Señor Villa. ¿Dónde quiere Ud. vivir, en el centro de la ciudad o en las afueras?
—En el centro. Pero lo importante es que sea una casa privada, no un apartamento.
—Muy bien. Una casa privada. No hay muchas en el centro, pero sí hay algunas. ¿Cuántos dormitorios necesita?
—Por lo menos seis. La familia es grande. Mi esposa y yo, ocho hijos y la madre de mi esposa.
—Un momento, vamos a ver. Hmmm. Aquí hay una casa perfecta. Seis dormitorios, sala grande, cocina, dos cuartos de baño y comedor. Está muy cerca de la entrada del metro también.
—¿Dónde está la casa, precisamente?
—Está en la calle Providencia. Es el número ochenta. Está a la izquierda de la parada del metro San Martín.
—¿Cuántos pisos tiene la casa?
—Tres pisos. Los dormitorios están en el segundo y tercer pisos.
—Bueno. ¿Vamos a ver la casa?
—Ahora mismo, señor.

Now listen to the conversation again. As you listen, choose the correct answer to each question and circle *a*, *b*, or *c* on your activity sheet.

1. What is the client's name?

    a. San Martín   (b.) Villa   c. Providencia

2. Where does he want to live?

    (a.) downtown   b. in the suburbs   c. in the country

3. What is he looking for?

    a. a small apartment   b. a large apartment   (c.) a private house

4. How many houses does the realtor say are available downtown?

    a. none   (b.) a few   c. many

5. How many children does the family have?

    a. 3   b. 6   (c.) 8

6. Who else lives with the family?

    a. the man's father   (b.) the wife's mother   c. a maid

7. How many bedrooms does the place suggested have?

    a. 4   (b.) 6   c. 8

8. What is nearby?

    a. a school   b. a restaurant   (c.) a metro stop

9. How many floors does the building have?

    (a.) 3   b. 6   c. 8

10. On what floors are the bedrooms?

    a. 1 and 2   (b.) 2 and 3   c. 3 and 4

11. Where is the building in relation to the metro?

    a. in front   (b.) to the left   c. to the right

12. Where are the man and woman going now?

    a. to the bank   b. to the metro   (c.) to the house

LA FAMILIA Y SU CASA

PRIMERA PARTE

VOCABULARIO

Palabras 1

 Actividad A Listen and repeat. (*Vocabulario, Palabras 1–Textbook, pages 154–155*) (*STM, page 212*)

Listen and repeat after the speaker.

LA FAMILIA

el abuelo	el tío
la abuela	la tía
los abuelos	los tíos
el padre	el sobrino
la madre	la sobrina
los padres	el primo
el esposo	la prima
el marido	los primos
la esposa	el nieto
la mujer	la nieta
el hijo	los nietos
la hija	el gato
los hijos	el perro

Es la familia Galdós.
El señor y la señora Galdós tienen dos hijos.
Tienen un hijo y una hija.
Los Galdós tienen un perro.
No tienen un gato.

¿Cuántos años tienen los hijos?
Pepe, el hijo, tiene dieciséis años.
Celia, la hija, tiene catorce años.
Son jóvenes. No son viejos.

Actividad B Listen and choose.

(*STM, page 212*)

Look at the illustration on your activity sheet. You will hear ten statements. If the statement is true, circle *sí* on your activity sheet. If the statement is not true, circle *no*.

1. Es la familia Galdós.
2. Los Galdós tienen dos hijas.
3. Ellos tienen una hija y un hijo.
4. Pepe es el perro.
5. La hija es Celia.
6. Celia tiene catorce años.
7. Celia es la esposa de Pepe.
8. Los Galdós tienen un gato.
9. Los hijos son viejos.
10. Pepe tiene dieciséis años.

1. (sí) no   3. (sí) no   5. (sí) no   7. sí (no)   9. sí (no)
2. sí (no)   4. sí (no)   6. sí (no)   8. sí (no)   10. (sí) no

Actividad C   Listen and choose.

(STM, page 213)

You will hear nine statements. On your activity sheet, identify the relative whom the speaker is describing and circle *a*, *b*, or *c*.

1. Don Raúl es el padre de mi padre.
2. Tito es el hijo de mi hermano.
3. Doña Flor es la hermana de mi madre.
4. Pamela y Bernardo son los hijos de mis tíos.
5. Susana es la hija de mi tía Jacinta.
6. Don José es el hermano de mi padre.
7. Doña María Luisa es la madre de mi madre.
8. Don Manuel es el padre de mi primo Luis.
9. Doña Teresa y don Paco son hermanos de mi madre.

1. a. tío   b. hermano   (c.) abuelo
2. a. tío   b. primo   (c.) sobrino
3. (a.) tía   b. prima   c. sobrina
4. a. abuelos   (b.) primos   c. sobrinos
5. (a.) prima   b. sobrina   c. tía
6. a. abuelo   b. sobrino   (c.) tío
7. (a.) abuela   b. tía   c. prima
8. a. sobrino   b. abuelo   (c.) tío
9. (a.) tíos   b. abuelos   c. sobrinos

Palabras 2

 Actividad D   Listen and repeat. *(Vocabulario, Palabras 2–Textbook, pages 157–158)*

(STM, page 213)

Listen and repeat after the speaker.

LA CASA Y EL APARTAMENTO

la casa	Es la casa de la familia López.	el garaje
el jardín	Su casa es bonita.	el ciclomotor
la planta	Alrededor de la casa hay un jardín.	el coche
el árbol	El jardín tiene árboles, plantas y flores.	el carro nuevo
la flor		el carro viejo
alrededor de		la bicicleta

el apartamento	Es el apartamento de la familia Asenjo.	el cumpleaños
la entrada	Su apartamento tiene un balcón.	la fiesta de
la vista	Del balcón hay una vista bonita, preciosa.	cumpleaños
el parque	Hay una vista del parque.	los regalos
el balcón		

Actividad E Listen and choose.
(STM, page 213)

Look at the illustrations on your activity sheet. You will hear five sentences, each describing one of the illustrations. Write the number of the sentence below the corresponding illustration.

1. Anita Campos recibe regalos para su cumpleaños.
2. Teresa vive en una casa con un jardín bonito.
3. Los Rodríguez viven en un apartamento elegante.
4. Ellos tienen un balcón con vista al parque.
5. En el garaje hay un carro nuevo.

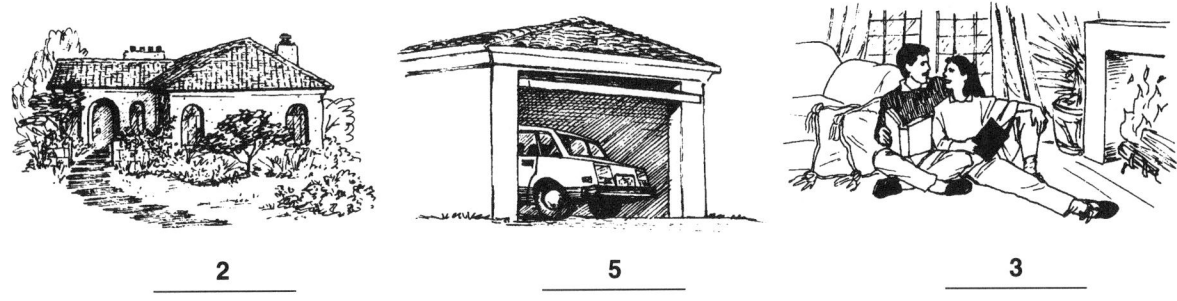

2   5   3

4   1

ESTRUCTURA

 Actividad A Listen. *(Ejercicio A–Textbook, page 161)*
(STM, page 214)

Listen to the conversation. Do not repeat.

TERESA: Reynaldo, ¿tienes un hermano?
REYNALDO: No, no tengo hermano. Tengo una hermana.
TERESA: ¿Cuántos años tiene ella?
REYNALDO: Tiene catorce años.
TERESA: Y tú, ¿cuántos años tienes?
REYNALDO: ¿Yo? Yo tengo dieciséis.
TERESA: ¿Uds. tienen un perrito?
REYNALDO: No, perrito no tenemos. Pero tenemos una gata adorable.

Actividad B Listen and choose.

(STM, page 214)

You will hear five statements about the conversation you just heard. If the statement is true, circle *sí* on your activity sheet. If the statement is not true, circle *no*.

1. Reynaldo tiene una hermana.
2. La hermana tiene dieciséis años.
3. Reynaldo tiene dieciséis años.
4. Reynaldo y su hermana tienen un perro adorable.
5. Ellos tienen una gata.

1. (sí) no   2. sí (no)   3. (sí) no   4. sí (no)   5. (sí) no

Actividad C Listen and choose.

(STM, page 214)

You will hear several questions or statements, each followed by three responses. Choose the correct response and circle *a*, *b*, or *c* on your activity sheet.

1. ¿Tienes hermanos?
    a. Sí, tengo tres.
    b. Sí, tiene tres.
    c. Sí, tienes tres.

2. Los Núñez tienen un perro, ¿verdad?
    a. No, tiene un gato.
    b. No, tienen un gato.
    c. No, tengo un gato.

3. ¿Tienen Uds. muchos amigos?
    a. Sí, tienes muchos.
    b. Sí, tenemos muchos.
    c. Sí, tengo muchos.

4. Tengo un gatito adorable.
    a. Ah, ¿tienes un gato?
    b. Ah, ¿tengo un gato?
    c. Ah, ¿tienen un gato?

5. Don Carlos tiene un carro nuevo.
    a. No, tienes un carro viejo.
    b. No, tenemos un carro viejo.
    c. No, tiene un carro viejo.

6. ¿Cuántos años tengo?
    a. Hmm. Tenemos quince.
    b. Hmm. Tienes quince.
    c. Hmm. Tienen quince.

1. (a) b   c   3. a (b) c   5. a   b   (c)
2. a (b) c   4. (a) b   c   6. a (b) c

Actividad D Listen and answer.

(STM, page 214)

You will hear six questions. Answer each question orally in the pause provided.

1. ¿Cuántos años tienes?
   (Tengo… años.)
2. ¿Tienes hermanos?
   (Sí, tengo hermanos. / No, no tengo hermanos.)
3. ¿Tienes abuelos?
   (Sí, tengo abuelos. / No, no tengo abuelos.)
4. ¿Son viejos o jóvenes los abuelos?
   (Los abuelos son viejos.)
5. ¿Tú y tu familia tienen una casa o un apartamento?
   (Mi familia y yo tenemos una casa. / Mi familia y yo tenemos un apartamento.)

Actividad E Listen and answer.

(STM, page 214)

You will hear six statements. All are false. Use the cues on your activity sheet to correct the speaker in the pauses provided. First listen to the example.

Example: (You hear) Pablo va a estudiar.
 (You see)   trabajar
 (You say) No, Pablo va a trabajar.

1. Tú vas a sacar malas notas.
   (No, voy a sacar buenas notas.)
2. Los Gómez van a comprar un ciclomotor.
   (No, los Gómez van a comprar un carro.)
3. Uds. van a ver una telenovela.
   (No, nosotros vamos a ver una película.)
4. Susana va a cumplir catorce años.
   (No, Susana va a cumplir dieciséis años.)
5. Yo voy a recibir una "F".
   (No, tú vas a recibir una "A".)
6. Ellos van a vender una casa.
   (No, ellos van a comprar una casa.)

1. **buenas notas**   3. **una película**   5. **una "A"**

2. **un carro**   4. **dieciséis años**   6. **comprar**

Actividad F Listen and answer.
(STM, page 214)

You will hear six questions. Use the cues on your activity sheet to answer each question orally in the pause provided.

1. ¿A qué hora tiene que llegar don Pablo?
   (Don Pablo tiene que llegar a las ocho.)
2. ¿Cuándo tienes que tomar el examen?
   (Tengo que tomar el examen el lunes.)
3. ¿A qué hora tienen que trabajar Uds.?
   (Tenemos que trabajar a las cuatro y media.)
4. ¿Quién tiene que leer el libro?
   (Teresa tiene que leer el libro.)
5. ¿A quién tienes que escribir una carta?
   (Tengo que escribir una carta a la abuela.)
6. Y yo, ¿qué tengo que escribir?
   (Tú tienes que escribir una composición.)

1. 8:00   3. 4:30   5. a la abuela
2. el lunes   4. Teresa   6. una composición

Actividad G Listen and answer.
(STM, page 214)

You will hear six questions. Use the cues on your activity sheet to answer each question orally in the pause provided. First listen to the example.

Example: (You hear) ¿Vas a bailar?
           (You see)   bailar / estudiar
           (You say)   No, no voy a bailar porque tengo que estudiar.

1. ¿Los muchachos van a ver televisión?
   (No, los muchachos no van a ver televisión porque tienen que estudiar.)
2. ¿Luisa va a trabajar?
   (No, Luisa no va a trabajar porque tiene que estudiar.)
3. ¿Uds. van a comprar regalos?
   (No, nosotros no vamos a comprar regalos porque tenemos que estudiar.)
4. ¿Tú vas a escuchar discos?
   (No, no voy a escuchar discos porque tengo que estudiar.)
5. ¿Miguel va a ir al café?
   (No, Miguel no va a ir al café porque tiene que estudiar.)
6. ¿Voy a preparar unos refrescos?
   (No, tú no vas a preparar unos refrescos porque tienes que estudiar.)

1. ver televisión / estudiar   4. escuchar discos / estudiar
2. trabajar / estudiar   5. ir al café / estudiar
3. comprar regalos / estudiar   6. preparar unos refrescos / estudiar

Actividad H Listen and answer.

(STM, page 214)

You will hear eight questions. Use the correct possessive adjective to answer each question orally in the pause provided. First listen to the example.

Example: (You hear) ¿Es el libro de Laura?
           (You say)   Sí, es su libro.

1. ¿Los discos son de Laura?
   (Sí, son sus discos.)
2. ¿Es tu cuaderno?
   (Sí, es mi cuaderno.)
3. ¿Son tus periódicos?
   (Sí, son mis periódicos.)
4. ¿Es mi bolígrafo?
   (Sí, es tu bolígrafo. / Sí, es su bolígrafo.)
5. ¿Los lápices son de los muchachos?
   (Sí, son sus lápices.)
6. ¿Las revistas son de Uds.?
   (Sí, son nuestras revistas.)
7. ¿El libro es de Uds.?
   (Sí, es nuestro libro.)
8. ¿Son mis papeles?
   (Sí, son tus papeles. / Sí, son sus papeles.)

CONVERSACIÓN

 Actividad I Listen. (Conversación–Textbook, page 168)

(STM, page 215)

Listen to the conversation. Do not repeat.

TADEO: Tengo que ir a la tienda.
JAIME: ¿Por qué?
TADEO: Tengo que comprar un regalo para mi hermana. Mañana es su cumpleaños.
JAIME: ¿Tú tienes hermana?
TADEO: Sí.
JAIME: ¿Cuántos años tiene?
TADEO: Mañana va a cumplir quince años.

Actividad J   Listen and choose.

(STM, page 215)

You will hear several questions about the conversation you just heard, each followed by two possible answers. Choose the correct answer and circle *a* or *b* on your activity sheet.

1. ¿Adónde tiene que ir Tadeo?
    a. A la tienda.
    b. A la escuela.
2. ¿Por qué va allí?
    a. Tiene que estudiar.
    b. Tiene que comprar un regalo.
3. ¿Quién va a cumplir años?
    a. Tadeo.
    b. La hermana de Tadeo.
4. ¿Cuántos años va a tener?
    a. Va a tener quince años.
    b. Va a tener dieciséis años.

1. ⓐ b   2. a ⓑ   3. a ⓑ   4. ⓐ b

PRONUNCIACIÓN

Actividad K   Pronunciación: *Las consonantes* **b, v**   *(Pronunciación–Textbook, page 169)*
(STM, page 215)

There is no difference in pronunciation between a *b* and a *v* in Spanish. The *b* or *v* sound is somewhat softer than the sound of an English *b*. When making this sound, the lips barely touch. Listen and repeat after the speaker.

ba	be	bi	bo	bu
bajo	bebé	bicicleta	bonito	bueno
balcón	escribe	bien	recibo	bus
trabaja	recibe	biología	árbol	aburrido
va	ve	vi	vo	vu
va	ve	vista	vosotros	vuelo
vaso	verano	vive	vólibol	vuelta

El joven vive en la avenida Bolívar en Bogotá.
Bárbara trabaja los sábados en el laboratorio de biología.
El bebé ve la vista bonita del balcón.

SEGUNDA PARTE

Actividad A   Listen.

(STM, page 215)

Listen to the advertisement. Do not repeat.

¿Tienes que celebrar un cumpleaños o una quinceañera? Pues, qué lugar mejor que el restaurante "La Preciosa". "La Preciosa" está en las afueras de la ciudad, a sólo unos 6 kilómetros del centro. En nuestros bellos jardines le servimos una deliciosa merienda, un almuerzo o una elegante cena. No importa cuántas personas en su grupo, servimos a cinco o a cincuenta. "La Preciosa" tiene dos pisos. En la planta baja está nuestra cocina donde preparamos platos exquisitos. En el primer piso hay cuatro comedores para comidas íntimas de cuatro a ocho personas, o banquetes para cincuenta. Este sábado vamos a cumplir veinte años—veinte años de excelente servicio al público. Si hay una fiesta en sus planes, tiene que llamar a "La Preciosa". "La Preciosa", en la avenida Rojas, número 80, a la izquierda de la Escuela Montes, y a la derecha del Edificio Ruano. Para cumpleaños, santos, quinceañeras y aniversarios, no hay mejor que "La Preciosa", el lugar perfecto para toda la familia. Abrimos de martes a domingo. Cerramos los lunes.

Actividad B   Listen and choose.

(STM, page 215)

You will hear several questions about the advertisement you just heard. On your activity sheet you will see three possible answers for each question. Choose the correct answer and circle *a*, *b*, or *c*.

1. ¿Qué es "La Preciosa"?
2. ¿Para qué va la gente allí?
3. ¿Dónde está "La Preciosa"?
4. ¿A qué distancia está del centro?
5. ¿Dónde pueden servir una merienda?
6. ¿Es posible dar de comer a cuántas personas?
7. ¿Qué está en la planta baja?
8. ¿Cuántos comedores tiene?
9. ¿Para cuántas personas es el comedor pequeño?
10. ¿Cuál es la dirección de "La Preciosa"?
11. ¿"La Preciosa" está a la izquierda de qué?
12. ¿Y está a la derecha de qué?
13. ¿Qué día no es posible ir allí?

1. a. una escuela   (b.) un restaurante   c. un baile

2. (a.) para celebrar y comer   b. para leer y escribir   c. para estudiar

3. (a.) en las afueras de la ciudad   b. en el centro de la ciudad   c. en un parque

4. (a.) a 6 kilómetros   b. a 16 kilómetros   c. a 60 kilómetros

5. a. en la planta baja   (b.) en los jardines   c. en la cocina
6. a. 30   (b.) 50   c. 70
7. (a.) la cocina   b. el comedor   c. el banquete
8. a. dos   (b.) cuatro   c. ocho
9. a. dos a tres   (b.) cuatro a ocho   c. seis a diez
10. a. Montes   b. Ruano   (c.) Rojas
11. (a.) una escuela   b. el Edificio Ruano   c. un jardín
12. a. una escuela   (b.) el Edificio Ruano   c. un jardín
13. (a.) lunes   b. martes   c. domingo

Actividad C Look, listen, and choose.
(STM, page 216)

> Look at the questions and answers on your activity sheet as you listen to an advertisement. Do not repeat.
>
> > ¡Cómo puede ser verdad! ¡Un apartamento elegante en el centro de San Lucas por sólo seis mil pesos al mes! Pero, sí, es verdad. Pero solamente por poco tiempo. Esta oferta es válida hasta el viernes nada más. ¡Y qué apartamentos! Cuatro dormitorios, cocina, tres cuartos de baño, sala y comedor. Garaje para dos carros. Y un balcón con una preciosa vista de las montañas. Uds. tienen que ver estos apartamentos. Los apartamentos están en el Edificio Aguilar, en la calle Sol, número 77. El Edificio Aguilar tiene solamente cuatro años. El edificio es de nueve pisos y tiene dos ascensores. Estos apartamentos se van a alquilar rápido. Así es que tienen que ir a la calle Sol, número 77. Allí van a ver los más elegantes apartamentos en todo San Lucas. Recuerden, esta oferta termina el viernes.

Now listen to the advertisement again. As you listen, choose the correct answer to each question and circle *a*, *b*, or *c* on your activity sheet.

1. What is this ad for?

    a. a house   (b.) an apartment   c. a car

2. Where is it located?

    a. in the mountains   b. in a garage   (c.) in downtown San Lucas

3. What do the six thousand pesos cover?

    (a.) a month's rent   b. a year's repair and service   c. the total price

4. What will happen Friday?

    a. The price will go up.   (b.) The offer will end.   c. The sale will begin.

5. How many bedrooms are there?

    a. three   (b.) four   c. five

6. How many bathrooms are there?

    a. one   b. two   (c.) three

7. How many cars does the garage hold?

    a. one   (b.) two   c. three

8. What can you see from the balcony?

    a. the park   b. the garden   (c.) the mountains

9. What is the "Edificio Aguilar"?

    a. an automobile showroom   (b.) apartments   c. a restaurant

10. What is the address of the "Edificio Aguilar"?

    a. calle San Lucas No.9   (b.) calle Sol No.77   c. calle Montaña No.4

11. How old is the building?

    a. two years old   (b.) four years old   c. seven years old

12. Does the building have an elevator?

    a. No, it doesn't.   (b.) Yes, one.   c. Yes, two.

Actividad D Listen and ask.
(STM, page 217)

There is a bad phone connection. Listen to the statements and ask for clarification orally in the pauses provided. First listen to the example.

Example: (*You hear*) Voy a comprar un *(garble)*...
  (*You say*) ¿Cómo? ¿Qué vas a comprar?

1. Tengo que escribir una *(garble)*...
   (¿Cómo? ¿Qué tienes que escribir?)
2. Paco va a recibir *(garble)*...
   (¿Cómo? ¿Qué va a recibir Paco?)
3. Teresa tiene que leer *(garble)*...
   (¿Cómo? ¿Qué tiene que leer Teresa?)
4. ¿Nosotras vamos a beber una *(garble)*...
   (¿Cómo? ¿Qué vamos a beber? / ¿Cómo? ¿Qué van a beber Uds.?)
5. Yo voy a estudiar *(garble)*...
   (¿Cómo? ¿Qué vas a estudiar?
6. Los muchachos van a ver *(garble)*...
   (¿Cómo? ¿Qué van a ver los muchachos?)
7. Nosotras tenemos que aprender *(garble)*...
   (¿Cómo? ¿Qué tenemos que aprender? / ¿Cómo? ¿Qué tienen Uds. que aprender?)
8. Josefina va a vender *(garble)*...
   (¿Cómo? ¿Qué va a vender Josefina?)
9. Tú tienes que tomar *(garble)*...
   (¿Cómo? ¿Qué tengo que tomar?)
10. Tú vas a recibir *(garble)*...
    (¿Cómo? ¿Qué voy a recibir?)

Actividad E Look, listen, and complete.
(STM, page 217)

Look at the incomplete sentences on your activity sheet as you listen to an announcement about a celebrity. Do not repeat.

Hoy cumple veintitrés años el famoso cantante Javier. Para su cumpleaños Javier va a recibir un magnífico automóvil Mercedes Benz. Los miembros de su grupo "Los Cocodrilos" también van a dar un gran regalo a Javier. Un perro. Sí, un perro de raza Boxer, que es el favorito de Javier. Mañana, Javier y "Los Cocodrilos" van a ir a Caracas, Venezuela. Ellos tienen que estar allí para un programa de televisión. Los padres y los hermanos de Javier van a ir a Venezuela también. Javier, tus fanáticos todos te desean, ¡Feliz cumpleaños!

Now listen to the announcement again. As you listen, complete each incomplete sentence on your activity sheet.

1. Javier is a famous __singer__
2. Today is Javier's __birthday__
3. He is going to get a magnificent __car__
4. "Los Cocodrilos" are Javier's __group__
5. They are going to give him a __dog__
6. Tomorrow Javier is going to __Caracas, Venezuela__
7. Javier and "Los Cocodrilos" are going to be on __television__
8. Javier will also be accompanied by __his parents and his brothers and sisters__
9. All his fans wish him __a happy birthday__

CAPÍTULO 7

LOS DEPORTES DE EQUIPO

PRIMERA PARTE

VOCABULARIO

Palabras 1

 Actividad A   Listen and repeat.   (*Vocabulario, Palabras 1*–Textbook, page 180) (*STM, page 218*)

        Listen and repeat after the speaker.

           EL FÚTBOL
           el estadio
           el campo de fútbol
           el árbitro
           la portería
           el portero
           la portera
           el tablero indicador
           el tanto empatado

           el equipo
           el balón
           el jugador
           la cabeza
           la mano
           el pie

Actividad B Listen and identify.

(STM, page 218)

Look at the illustration on your activity sheet. You will hear six statements about it. Write the number of the statement in the appropriate circle on the illustration.

1. Es un campo de fútbol.
2. Es un balón.
3. El tanto está en el tablero indicador.
4. El portero está enfrente de la portería.
5. El jugador tira el balón con la cabeza.
6. Allí está el árbitro.

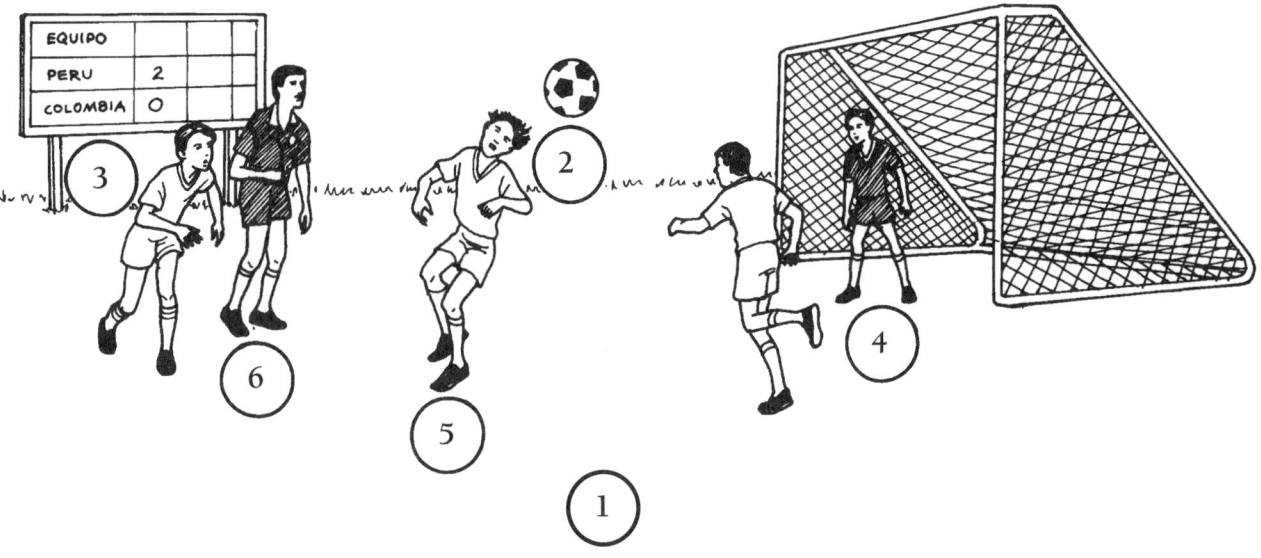

Actividad C Listen and repeat. (*Vocabulario, Palabras 1*–Textbook, page 181)
(*STM, page 218*)

Listen and repeat after the speaker.

el otoño
Los jugadores juegan al fútbol en el otoño.
Un jugador lanza el balón.
Tira el balón con el pie.

El segundo tiempo empieza.
Los dos equipos vuelven al campo.
El tanto queda empatado en cero.

El portero no puede parar el balón.
No bloquea el balón.
González mete un gol.
Él marca un tanto.

Perú gana el partido.
Argentina pierde.

Actividad D Listen and choose.
(*STM, page 219*)

Look at the illustration on your activity sheet. You will hear five statements. If the statement describes the illustration, circle *sí* on your activity sheet. If the statement does not describe the illustration, circle *no*.

1. El primer tiempo empieza.
2. Los dos equipos vuelven al campo.
3. El portero bloquea el balón.
4. González marca un tanto.
5. Argentina gana.

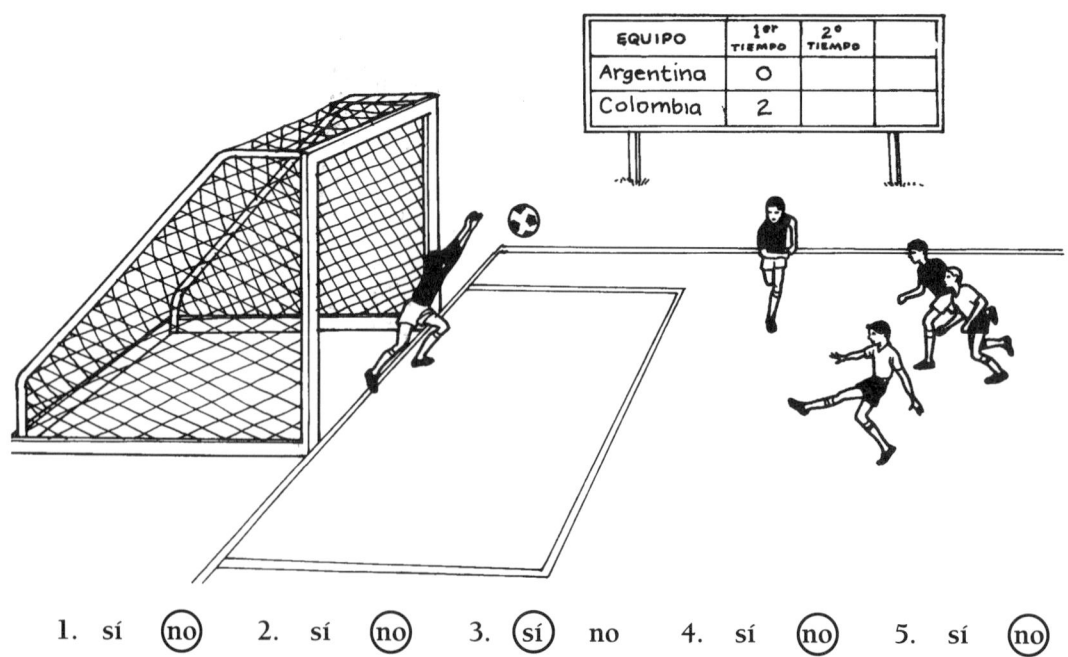

1. sí (no)   2. sí (no)   3. (sí) no   4. sí (no)   5. sí (no)

Actividad E Listen and choose.

(STM, page 219)

You will hear several questions, each followed by three possible answers. Choose the correct answer and circle a, b, or c on your activity sheet.

1. ¿Cuántos jugadores hay en un equipo de fútbol?
   a. Dos.
   b. Cinco.
   c. Once.

2. ¿Cuántos tiempos hay en un partido?
   a. Uno.
   b. Dos.
   c. Tres.

3. ¿Quién guarda la portería?
   a. El árbitro.
   b. El tablero.
   c. El portero.

4. Argentina cero, Perú cero. ¿Quién gana?
   a. Argentina gana.
   b. Perú gana.
   c. Está empatado.

5. ¿Qué indica el tanto?
   a. La portería.
   b. El tablero.
   c. El estadio.

1. a   b   (c)   4. a   b   (c)
2. a   (b)   c   5. a   (b)   c
3. a   b   (c)

Palabras 2

Actividad F Listen and repeat. (*Vocabulario, Palabras 2*–Textbook, page 183)

(STM, page 219)

Listen and repeat after the speaker.

OTROS DEPORTES
el baloncesto   driblar con el balón
el básquetbol   encestar
el tablero   meter en el cesto
el aro   pasar el balón
el cesto   tirar el balón
el canasto
la cancha

Actividad G Listen and choose.

(STM, page 219)

Look at the illustrations on your activity sheet. You will hear three sentences, each describing one of the illustrations. Write the number of the sentence below the corresponding illustration.

1. La jugadora pasa el balón.
2. La jugadora mete el balón en el cesto.
3. La jugadora dribla con el balón.

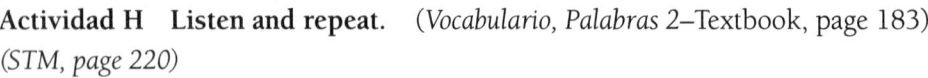

    1   3   2

Actividad H Listen and repeat. (*Vocabulario, Palabras 2*–Textbook, page 183)

(STM, page 220)

Listen and repeat after the speaker.

el vólibol
la red
devolver el balón por encima de la red

Actividad I Listen and identify.

(STM, page 220)

Look at the illustration on your activity sheet. You will hear three statements about it. Write the number of the statement in the appropriate circle on the illustration.

1. Es un balón de vólibol.
2. El balón tiene que pasar por encima de la red.
3. La jugadora devuelve el balón.

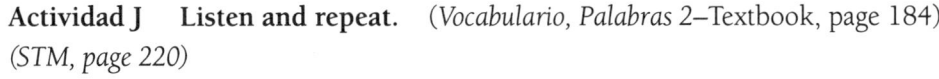

Actividad J Listen and repeat. (*Vocabulario, Palabras 2*–Textbook, page 184)

(STM, page 220)

Listen and repeat after the speaker.

el béisbol	el guante
el jardinero	el bate
el pícher	el platillo
el lanzador	la entrada
el bateador	la base
el receptor	el hit
el cátcher	el out

Juegan al béisbol en la primavera.
El pícher lanza la pelota.
El bateador batea. Batea un jonrón.
Corre de una base a otra.
La jugadora atrapa la pelota.
Atrapa la pelota con el guante.
El jugador puede robar una base.

Actividad K Listen and identify.

(STM, page 220)

Look at the illustration on your activity sheet. You will hear four statements about it. Write the number of the statement in the appropriate circle on the illustration.

1. El pícher lanza la pelota.
2. El bateador batea.
3. Batea un jonrón.
4. Corre de una base a otra.

Actividad L Listen and choose.

(STM, page 220)

You will hear several questions, each followed by three possible answers. Choose the correct answer and circle *a, b,* or *c* on your activity sheet.

1. ¿Cuántos jugadores hay en un equipo de baloncesto?
   a. Cinco.
   b. Nueve.
   c. Once.

2. ¿En qué deporte tienen que pasar el balón por encima de una red?
   a. En el baloncesto.
   b. En el béisbol.
   c. En el vólibol.

3. ¿Cuándo marcas un tanto en el baloncesto?
   a. Cuando bateas.
   b. Cuando encestas.
   c. Cuando driblas.

4. ¿Con qué *no* pueden tocar el balón en el fútbol?
   a. La mano.
   b. La cabeza.
   c. El pie.

5. En el béisbol, ¿cómo va el jugador de una base a otra?
   a. Lanza.
   b. Corre.
   c. Dribla.

6. En el béisbol, ¿dónde está el bateador?
   a. En el platillo.
   b. En la red.
   c. En la portería.

7. ¿Con qué atrapa la pelota el jugador de béisbol?
   a. Con el canasto.
   b. Con el guante.
   c. Con el bate.

8. En el vólibol, ¿qué *no* puede tocar el balón?
   a. La red.
   b. El aro.
   c. El suelo.

9. ¿En qué deporte hay más jugadores en un equipo, el fútbol, el béisbol o el baloncesto?
   a. El fútbol.
   b. El béisbol.
   c. El baloncesto.

10. ¿Cuál de los tres deportes *no* tiene un límite de tiempo?
    a. El fútbol.
    b. El béisbol.
    c. El baloncesto.

1. (a) b   c   5. a   (b) c   8. a   b   (c)
2. a   b   (c)   6. (a) b   c   9. (a) b   c
3. a   (b) c   7. a   (b) c   10. a (b) c
4. (a) b   c

ESTRUCTURA

Actividad A Listen and answer.
(STM, page 221)

You will hear six questions. Use *sí* and the *nosotros* form of the verb to answer each question orally in the pause provided.

1. ¿Empiezan Uds. a jugar al fútbol?
   (Sí, empezamos a jugar al fútbol.)
2. ¿Prefieren Uds. jugar con un equipo bueno?
   (Sí, preferimos jugar con un equipo bueno.)
3. ¿Quieren Uds. marcar muchos tantos?
   (Sí, queremos marcar muchos tantos.)
4. ¿Pierden Uds. a veces?
   (Sí, perdemos a veces.)
5. ¿Quieren Uds. ganar el partido?
   (Sí, queremos ganar el partido.)
6. ¿Quieren Uds. meter un gol?
   (Sí, queremos meter un gol.)

Actividad B   Listen and answer.
(STM, page 221)

You will hear eight questions. Use the visual cues on your activity sheet to answer each question orally in the pause provided.

1. ¿Qué prefieres tomar?
   (Prefiero tomar un vaso de leche.)
2. ¿Qué quiere tomar Pablo?
   (Pablo quiere tomar un café.)
3. ¿Qué tiempo empieza ahora?
   (Ahora empieza el segundo tiempo.)
4. ¿Qué estación del año prefieren Uds., tú y tu familia?
   (Mi familia y yo preferimos la primavera.)
5. ¿Adónde quieren ir Uds. ahora?
   (Ahora queremos ir al parque.)
6. ¿A qué hora comienza el partido?
   (El partido comienza a las tres.)
7. ¿A qué hora empiezo a jugar yo?
   (Tú empiezas a jugar a las dos.)
8. ¿Qué prefieren Uds. ver?
   (Preferimos ver la televisión. / Preferimos ver una película.)

 1.

 2.

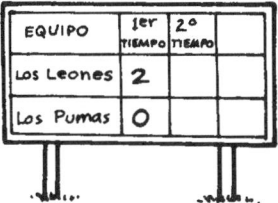 3.

 4.

 5.

 6.

 7.

 8.

Actividad C   Listen and answer.

(STM, page 222)

You will hear eight questions. Use the cues on your activity sheet to answer each question orally in the pause provided.

1. ¿Quién puede jugar hoy?
   (Marta y Ramón pueden jugar hoy.)
2. ¿A qué hora comienza el partido?
   (El partido comienza a las tres y media.)
3. ¿Qué árbitro prefieren Uds.?
   (Preferimos a Luis Sepúlveda.)
4. ¿Tú juegas hoy también?
   (Sí, yo juego hoy también.)
5. ¿Quiénes vuelven de la cancha?
   (Los jugadores vuelven de la cancha.)
6. ¿Quién vuelve con ellos?
   (El árbitro vuelve con ellos.)
7. ¿Dónde prefieres jugar?
   (Prefiero jugar en el estadio.)
8. ¿Cuántos partidos juegan Uds. hoy?
   (Jugamos dos partidos hoy.)

1. **Marta y Ramón**
2. **3:30**
3. **Luis Sepúlveda**
4. **sí**
5. **los jugadores**
6. **el árbitro**
7. **el estadio**
8. **dos**

Actividad D Listen and answer.

(STM, page 222)

You will hear eight questions. Use *no* and the cues on your activity sheet to answer each question orally in the pause provided. First listen to the example.

Example: (*You hear*) Juan es de España, ¿no?
(*You see*) México
(*You say*) No, no es español. Es mexicano.

1. Los Romero son de la Argentina, ¿no?
   (No, no son argentinos. Son españoles.)
2. Tú eres de Colombia, ¿verdad?
   (No, no soy colombiano. Soy puertorriqueño.)
3. Las jugadoras son de Chile, ¿no?
   (No, no son chilenas. Son alemanas.)
4. La profesora es de Cuba, ¿verdad?
   (No, no es cubana. Es nicaragüense.)
5. El carro es de Inglaterra, ¿no?
   (No, no es inglés. Es francés.)
6. Uds. son de México, ¿verdad?
   (No, no somos mexicanos. Somos norteamericanos.)
7. Diego Maradona es de España, ¿no?
   (No, no es español. Es argentino.)
8. Los Duval son de Francia, ¿verdad?
   (No, no son franceses. Son canadienses.)

1. España
2. Puerto Rico
3. Alemania
4. Nicaragua
5. Francia
6. Norteamérica
7. Argentina
8. Canadá

CONVERSACIÓN

 Actividad E Listen. (*Conversación*–Textbook, page 194)
(*STM, page 222*)

    Listen to the conversation. Do not repeat.

        ANITA: Tomás, ¿prefieres el fútbol o el béisbol?
        TOMÁS: Prefiero el fútbol.
        ANITA: ¿Juegas al fútbol?
        TOMÁS: Sí, juego, pero prefiero ser espectador y no jugador.
        ANITA: ¿Tiene tu escuela un equipo bueno?
        TOMÁS: Estupendo. Tenemos un equipo que no pierde.

Actividad F Listen and choose.
(*STM, page 222*)

You will hear seven statements about the conversation you just heard. If the statement is true, circle *sí* on your activity sheet. If the statement is not true, circle *no*.

1. Tomás prefiere el béisbol.
2. Tomás juega al fútbol.
3. Él juega mucho al fútbol.
4. Tomás prefiere ser jugador.
5. La escuela de Tomás tiene un equipo de fútbol.
6. El equipo es muy bueno.
7. El equipo nunca gana un partido.

1. sí (no)   5. (sí) no
2. (sí) no   6. (sí) no
3. sí (no)   7. sí (no)
4. sí (no)

PRONUNCIACIÓN

 Actividad G Pronunciación. *Las consonantes s, c, z* *(Pronunciación* Textbook, page 195)
(STM, page 222)

The consonant *s* is pronounced the same as the *s* in *sing*. Listen and repeat after the speaker.

sa	se	si	so	su
sala	clase	sí	peso	su
casa	serio	simpático	sopa	Susana
saca	seis	siete	sobrino	suburbio

The consonant *c* in combination with *e* or *i* (*ce, ci*) is pronounced the same as an *s* in all areas of Latin America. In many parts of Spain, *ce* and *ci* are pronounced *th*. Likewise the pronunciation of *z* in combination with *a, o, u* (*za, zo, zu*) is pronounced the same as an *s* throughout Latin America and as a *th* in most areas of Spain. Listen and repeat after the speaker.

za	ce	ci	zo	zu
cabeza	cero	cinco	zona	zumo
empieza	encesta	ciudad	almuerzo	Zúñiga

González enseña en la sala de clase.
El sobrino de Susana es serio y sincero.
La ciudad tiene cinco zonas.
Toma el almuerzo a las doce y diez en la cocina.

SEGUNDA PARTE

Actividad A Look, listen, and choose.
(STM, page 223)

Look at the incomplete sentences on your activity sheet as you listen to a sports broadcast. Do not repeat.

> Quedan sólo dos minutos en el segundo tiempo. El juego está empatado. El Real Madrid tiene el balón. Vargas del equipo de Madrid lo lanza con el pie. El balón vuela por el aire. ¿El portero lo bloquea o no? Mira, mira.¡Gol! Los espectadores se están volviendo locos. Gana el Madrid en el último minuto del partido—uno a cero. ¡Qué tristes están los aficionados del Barcelona!

Now listen to the sports broadcast again. As you listen, choose the correct completion to each sentence and circle *a*, b, or *c* on your activity sheet.

1. Es un partido de _____.

    a. baloncesto   b. béisbol   (c.) fútbol

2. Los dos equipos son Madrid y _____.

    a. R e a l   (b.) Barcelona   c. Vargas

3. Quedan _____ minutos en el segundo tiempo.

    (a.) dos   b. tres   c. cinco

4. Vargas lanza el balón con _____.

    a. la cabeza   (b.) el pie   c. la mano

5. Meten un gol en el _____ minuto del partido.

    a. primer   b. tercer   (c.) último

6. El resultado del partido es _____.

    (a.) una victoria para Madrid   b. un juego empatado   c. que Vargas pierde

Actividad B Listen and choose.

(STM, page 223)

You will hear three short conversations. You will hear a question about each conversation followed by three possible answers. Choose the correct answer and circle *a*, *b*, or *c* on your activity sheet. Listen to the first conversation. Do not repeat.

—¿Tienes el bate?
—Sí, sí. Lo tengo. Y tengo el guante también.
—Yo sé que hoy voy a tener mucha suerte. Voy a batear un jonrón.

1. ¿A qué van a jugar las muchachas?
   a. Al vólibol.
   b. Al béisbol.
   c. Al baloncesto.

Listen to the second conversation. Do not repeat.

—Mira como dribla Meléndez. Es excelente.
—Ya tiene 30 tantos y va a encestar otra vez.
—Allí va el balón. ¡Zás! Otro canasto. Dos puntos.

2. ¿De qué deporte hablan?
   a. El vólibol.
   b. El béisbol.
   c. El baloncesto.

Listen to the third conversation. Do not repeat.

—¡Uf! No va a tocar el suelo.
—Bien. Pasa por encima de la red.
—No pueden devolver el balón. ¡Ganamos!

3. ¿A qué juegan?
   a. Al vólibol.
   b. Al béisbol.
   c. Al baloncesto.

1. a (b) c   2. a b (c)   3. (a) b c

Actividad C Look, listen, and choose.

(STM, page 223)

Look at the newspaper article on your activity sheet as you listen to a series of statements made by a sports broadcaster. On your activity sheet, write the number of the statement next to the information being described.

1. En la Liga Americana esta noche a las 8:30 Hawkins con 11 victorias lanza contra las Medias Blancas de Chicago.
2. Liga Nacional. Gran juego esta noche entre San Luis y San Francisco. Para San Luis lanza Hill con 5 juegos ganados y 5 perdidos. Para San Francisco, Robinson con 7 victorias, 6 derrotas.
3. En la Americana, Clemens lanza para Boston esta noche contra Witt de Tejas. El partido comienza a las 8:35.
4. En la Nacional, a las 10:35 esta noche, hora del Este, Maddux es el lanzador contra Hershiser de Los Ángeles. Maddux tiene 9 victorias contra 7 juegos perdidos.
5. Y para terminar, un gran partido de Liga Nacional en Cincinnati. Los de Filadelfia van con el lanzador Ruffin, 3 con 3, contra Jackson con 6 victorias y 9 derrotas.

Lanzadores Designados para Hoy

Los siguientes son los lanzadores designados para abrir los partidos de hoy martes en el Béisbol de Grandes Ligas. La hora señalada corresponde al tiempo del este de Estados Unidos (cuatro horas menos que gmt).

Liga Americana
___ California (Blyleven 9-2) en Toronto (Key 7-9), 7:35 p.m.
___ Seattle (Johnson 3-1) en Baltimore (Ballard 10-4), 7:35 p.m.
___ Oakland (Davis 7-4) en Detroit (Tanana 7-9), 7:35 p.m.
___ Cleveland (Black 7-7) en Minnesota (Viola 7-10), 8:05 p.m.
_1_ Nueva York (Hawkins 11-8) en Chicago (Reuss 7-5), 8:30 p.m.
___ Milwaukee (August 9-7) en Kansas City (Gubicza 8-7), 8:35 p.m.
_3_ Boston (Clemens 10-6) en Texas (Witt 7-8), 8:35 p.m.

Liga Nacional
___ Houston (Clancy 5-6) en Nueva York (Fernández 7-3), 7:35 p.m.
___ Atlanta (P.Smith 2-11) en Montreal (D. Martínez 10-1), 7:35 p.m.
_5_ Filadelfia (Ruffin 3-3) en Cincinnati (Jackson 6-9), 7:35 p.m.
___ Pittsburgh (Walk 7-5) en San Diego (Hurst 7-7), 10:05 p.m.
_2_ San Luis (Hill 5-5) en San Francisco (D.Robinson 7-6), 10:35 p.m.
_4_ Chicago (Maddux 9-7) en Los Angeles (Hershiser 10-7), 10:35 p.m.

CAPÍTULO 8

UN VIAJE EN AVIÓN

PRIMERA PARTE

VOCABULARIO

Palabras 1

 Actividad A   Listen and repeat.   (*Vocabulario, Palabras 1*–Textbook, pages 206–207)
(*STM, page 224*)

Listen and repeat after the speaker.
EN EL AEROPUERTO
el aeropuerto
el taxi
el maletero
la maletera

el mostrador de la línea aérea
el agente
la agente
la pantalla de salidas
el tablero de llegadas y salidas

el billete
el boleto
la tarjeta de embarque
el pase de abordar
el número del asiento
el número del vuelo
el destino
la sección de no fumar
la puerta de salida
las maletas
el equipaje
el talón

el control de seguridad
el equipaje de mano

Actividad B   Listen and choose.

(STM, page 224)

Look at the illustrations on your activity sheet. You will hear five sentences, each describing one of the illustrations. Write the number of the sentence below the corresponding illustration.

1. Es la maletera del taxi.
2. Están en el control de seguridad.
3. Allí están las maletas.
4. Ella tiene su boleto.
5. Los agentes están en el mostrador.

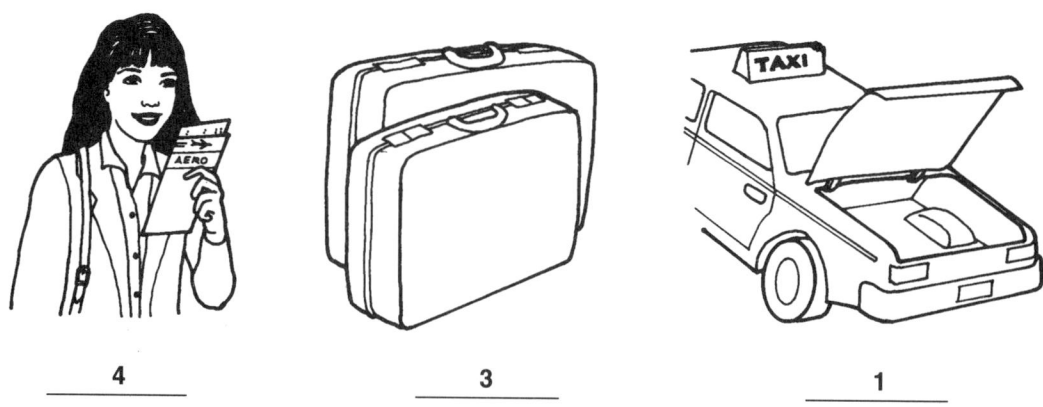

<u>   4   </u>   <u>   3   </u>   <u>   1   </u>

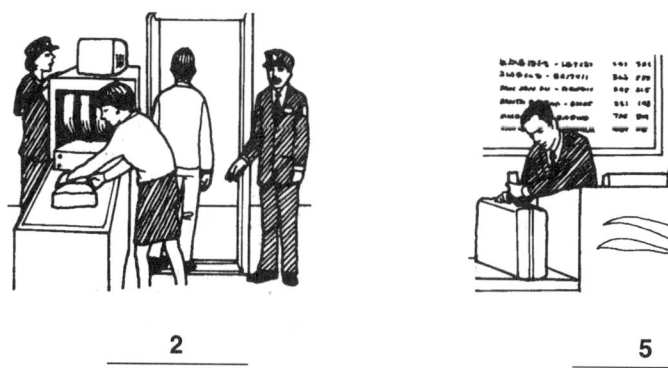

<u>   2   </u>   <u>   5   </u>

Actividad C Listen and repeat. (*Vocabulario, Palabras 1*–Textbook, pages 206–207)
(*STM, page 225*)

Listen and repeat after the speaker.

Clarita Gómez hace un viaje.
Hace un viaje a la América del Sur.
Va a Bogotá.
Hace el viaje en avión.
En este momento Clarita está facturando su equipaje.
Pone sus maletas en la báscula.

El avión va a salir de la puerta número cinco.
El vuelo sale a tiempo. No sale tarde.

Los pasajeros están pasando por el control de seguridad.
Están subiendo al avión.

Actividad D Look, listen, and answer.
(*STM, page 225*)

Look at the boarding pass on your activity sheet. You will hear seven questions about the boarding pass. In one or two words, answer each question orally in the pause provided.

1. ¿Para qué línea aérea es la tarjeta de embarque?
   (Air Europa)
2. ¿Cuál es el número del vuelo?
   (UX069)
3. ¿Qué es AGP?
   (el destino)
4. ¿Cuál es la puerta de salida?
   (63)
5. ¿Cuál es el número del asiento?
   (9B)
6. ¿El pasajero entra al avión por la puerta de enfrente o la puerta de atrás?
   (por la puerta de atrás)
7. ¿Qué tiene que conservar el pasajero hasta su destino?
   (esta tarjeta)

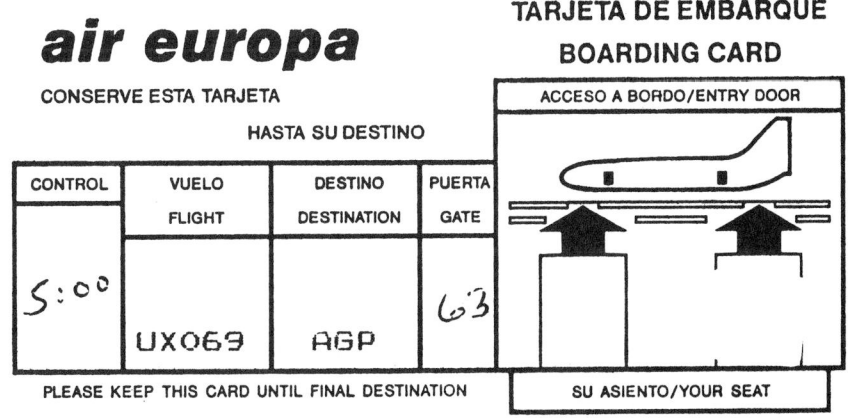

Actividad E Listen and choose.

(STM, page 225)

You will hear several questions, each followed by three possible answers. Choose the correct answer and circle *a, b,* or *c* on your activity sheet.

1. ¿Dónde inspeccionan el equipaje?
   a. En el mostrador.
   b. En el avión.
   c. En el control de seguridad.

2. ¿Qué ponen en las básculas?
   a. Los pasajeros.
   b. Las tarjetas de embarque.
   c. Las maletas.

3. ¿Qué tiene que tener el pasajero para abordar el avión?
   a. Una tarjeta de embarque.
   b. Un talón.
   c. Una maleta.

4. ¿Dónde pueden ver información de los vuelos?
   a. En la pantalla de llegadas.
   b. En la puerta de salida.
   c. En la báscula.

5. ¿Qué puede llevar el pasajero a bordo del avión?
   a. Maletas grandes.
   b. Una maletera.
   c. Equipaje de mano.

1. a b ⓒ   3. ⓐ b c   5. a b ⓒ
2. a b ⓒ   4. ⓐ b c

Palabras 2

Actividad F Listen and repeat. (*Vocabulario, Palabras 2*–Textbook, pages 210–211)
(STM, page 225)

Listen and repeat after the speaker.

EN EL AVIÓN
la tripulación
el asistente de vuelo
la asistenta de vuelo

el comandante
el piloto
la copiloto

el control de pasaportes
el reclamo de equipaje
la aduana

Los pasajeros están reclamando (recogiendo) su equipaje.
Están abriendo las maletas.
La agente de aduana está inspeccionando el equipaje.
Un avión está despegando.
Otro avión está aterrizando.

Actividad G Listen and choose.

(STM, page 225)

Look at the illustrations on your activity sheet. You will hear five sentences, each describing one of the illustrations. Write the number of the sentence below the corresponding illustration.

1. Margarita Sánchez es la copiloto.
2. Enrique Márquez es el comandante.
3. Y el asistente de vuelo es Luis Carrillo.
4. La pasajera pasa por el control de pasaportes.
5. Sus maletas están en el reclamo de equipaje.

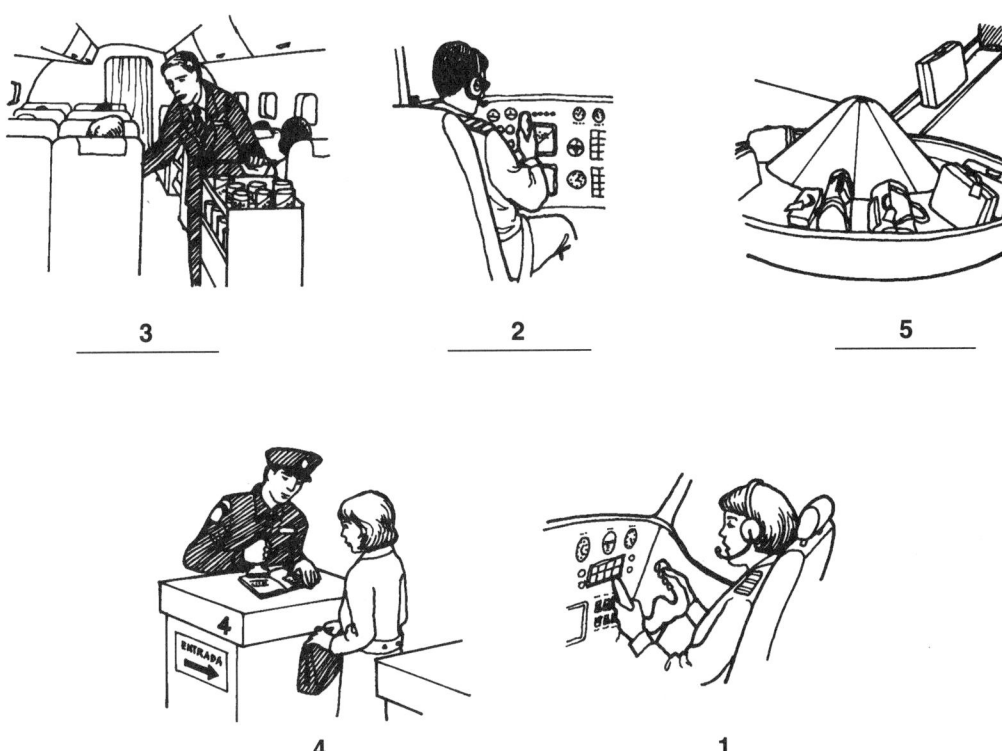

Actividad H Listen and choose.

(STM, page 226)

You will hear five statements. If the statement makes sense, circle *sí* on your activity sheet. If the statement does not make sense, circle *no*.

1. Los pasajeros abordan el avión antes de aterrizar.
2. Cuando todos los pasajeros están a bordo, el avión despega.
3. Cuando llegan a un país extranjero, los pasajeros tienen que pasar por el control de seguridad.
4. Los agentes de aduana inspeccionan las maletas.
5. Los pasajeros facturan sus maletas en el reclamo de equipaje.

1. sí (no)   2. (sí) no   3. sí (no)   4. (sí) no   5. sí (no)

Actividad I   Listen and choose.

(*STM, page 226*)

You will hear several questions, each followed by three possible answers. Choose the correct answer and circle *a*, *b*, or *c* on your activity sheet.

1. La señora Vélez va a tomar un vuelo. Llega al aeropuerto. ¿Adónde debe ir primero?
    a.   Al control de seguridad.
    b.   A la aduana.
    c.   Al mostrador de la línea aérea.

2. ¿Qué tiene que dar la señora al agente en el mostrador?
    a.   Su boleto.
    b.   Su tarjeta de embarque.
    c.   Su equipaje de mano.

3. Cuando ella factura su equipaje, ¿qué pone el agente en cada maleta?
    a.   Un pasaporte.
    b.   Un talón.
    c.   Una tarjeta de embarque.

4. Antes de subir al avión, ¿por dónde tiene que pasar la señora?
    a.   Por el reclamo de equipaje.
    b.   Por la pantalla de salidas.
    c.   Por el control de seguridad.

5. ¿Quiénes son las personas que trabajan en el avión?
    a.   Los agentes de aduana.
    b.   La tripulación.
    c.   Los agentes de mostrador.

6. ¿Cuándo aterriza el avión?
    a.   Cuando sale del aeropuerto.
    b.   Cuando los pasajeros están a bordo.
    c.   Cuando llega a su destino.

1. a   b   (c)   3. a   (b)   c   5. a   (b)   c
2. (a)   b   c   4. a   b   (c)   6. a   b   (c)

ESTRUCTURA

Actividad A Listen and answer.

(STM, page 226)

You will hear seven questions. Use the cues on your activity sheet to answer each question orally in the pause provided.

1. Tú, ¿haces un viaje?
   (Sí, hago un viaje.)
2. Y, ¿qué hace Luis?
   (Luis hace un viaje.)
3. ¿Hacen Uds. las maletas?
   (Sí, hacemos las maletas.)
4. ¿Qué ponen Uds. en las maletas?
   (Ponemos la ropa en las maletas.)
5. ¿Tú pones algo más en tu maleta?
   (Sí, pongo libros en mi maleta.)
6. ¿Qué traen los muchachos?
   (Los muchachos traen refrescos.)
7. ¿A qué hora salen Uds. para el aeropuerto?
   (Salimos a las cuatro.)

1. sí
2. un viaje
3. sí
4. la ropa
5. sí, libros
6. refrescos
7. a las cuatro

Actividad B Listen and answer.

(STM, page 226)

You will hear seven questions. Use the cues on your activity sheet to answer each question orally in the pause provided.

1. ¿Qué hace Marcos?
   (Marcos come.)
2. ¿Qué hacen las muchachas?
   (Las muchachas juegan al béisbol.)
3. ¿Qué hace el profesor?
   (El profesor enseña.)
4. ¿Qué hacen Uds.?
   (Nosotros estudiamos.)
5. ¿Qué hace Victoria?
   (Victoria trae los boletos.)
6. ¿Qué hacen los pasajeros?
   (Los pasajeros vienen al reclamo.)
7. Y tú, ¿qué haces?
   (Yo salgo ahora.)

1. comer
2. jugar al béisbol
3. enseñar
4. estudiar
5. traer los boletos
6. venir al reclamo
7. salir ahora

Actividad C Listen and answer.
(STM, page 226)

You will hear six questions. Use the cues on your activity sheet to answer each question orally in the pause provided.

1. ¿A qué hora viene Jorge?
   (Jorge viene a las tres.)
2. Y tú, ¿a qué hora vienes?
   (Yo vengo a las tres y media.)
3. ¿A qué hora vienen los asistentes de vuelo?
   (Los asistentes de vuelo vienen a las cuatro.)
4. Y, ¿a qué hora vengo yo?
   (Tú vienes a las cuatro y media.)
5. ¿A qué hora vienen Uds.?
   (Nosotros venimos a las cinco.)
6. ¿A qué hora viene Antonia?
   (Antonia viene a las cinco y media.)

1. 3:00	3. 4:00	5. 5:00
2. 3:30	4. 4:30	6. 5:30

Actividad D Listen and answer.
(STM, page 226)

You will hear five questions. Answer each question orally in the pause provided. Use the progressive tense. First listen to the example.

Example: (You hear) ¿Habla Juan?
          (You say)   Sí, está hablando.

1. ¿Uds. esperan a Paco?
   (Sí, estamos esperando a Paco.)
2. ¿Paco llega ahora?
   (Sí, está llegando ahora.)
3. ¿Paco viaja en avión?
   (Sí, está viajando en avión.)
4. ¿Ramón y Luisa hacen el viaje también?
   (Sí, están haciendo el viaje también.)
5. ¿Tú trabajas en el aeropuerto?
   (Sí, estoy trabajando en el aeropuerto.)

Actividad E   Listen and answer.

(STM, page 226)

You will hear six questions. Use the cues on your activity sheet to answer each question orally in the pause provided. First listen to the example.

Example: (You hear)   Y ahora, ¿qué hace Juan?
           (You see)   comer
           (You say)   Está comiendo.

1. Y ahora, ¿qué hacen Uds.?
   (Estamos estudiando.)
2. Y ahora, ¿qué haces tú?
   (Estoy trabajando.)
3. Y ahora, ¿qué hace tu padre?
   (Está escribiendo.)
4. Y ahora, ¿qué hace el avión?
   (Está aterrizando.)
5. Y ahora, ¿qué hace el agente de aduanas?
   (Está inspeccionando el equipaje.)
6. Y ahora, ¿qué hace el pasajero?
   (Está cerrando la maleta.)

1. estudiar   4. aterrizar
2. trabajar   5. inspeccionar el equipaje
3. escribir   6. cerrar la maleta

CONVERSACIÓN

 Actividad F   Listen.   (Conversación–Textbook, page 220)
(STM, page 227)

Listen to the conversation. Do not repeat.

Señores pasajeros. Su atención, por favor. La compañía de aviación anuncia la salida de su vuelo ciento seis con destino a Santiago de Chile. Embarque inmediato por la puerta de salida número seis.

ROBERTO: ¡Chist! Están anunciando la salida de nuestro vuelo.
MARTA: Sí, sí. ¡Pero Dios mío! ¿Dónde está Andrés?
ROBERTO: Llega tarde como siempre. Todavía está facturando su equipaje.
MARTA: Hablando de equipaje, ¿tienes los talones para nuestras maletas?
ROBERTO: Sí, sí. Aquí están.
MARTA: ¿De qué puerta sale nuestro vuelo?
ROBERTO: De la puerta número seis. Primero tenemos que pasar por el control de seguridad.
MARTA: ¡Vamos ya! No voy a esperar a Andrés. Él puede perder el vuelo si quiere. Pero yo no.

Actividad G   Listen and choose.

(STM, page 227)

You will hear several questions about the conversation, each followed by three possible answers. Choose the correct answer and circle *a*, *b*, or *c* on your activity sheet.

1. ¿Cuál es el número del vuelo?
   a. 16.
   b. 106.
   c. 600.

2. ¿Cuál es el destino del vuelo?
   a. San Andrés.
   b. Santiago.
   c. San Diego.

3. ¿Cuál es la puerta de salida?
   a. Número 6.
   b. Número 16.
   c. Número 17.

4. ¿Qué está haciendo Andrés?
   a. Está facturando las maletas.
   b. Está abordando el avión.
   c. Está comprando los boletos.

5. ¿Qué hace siempre Andrés?
   a. Habla mucho.
   b. Llega tarde.
   c. Pierde el vuelo.

6. ¿Qué tienen que hacer los dos pasajeros ahora?
   a. Pasar por el control de seguridad.
   b. Facturar el equipaje.
   c. Buscar a Andrés.

7. ¿Qué va a perder Andrés?
   a. Su boleto.
   b. El equipaje.
   c. El vuelo.

1. a (b) c   5. a (b) c
2. a (b) c   6. (a) b c
3. (a) b c   7. a b (c)
4. (a) b c

PRONUNCIACIÓN

 Actividad H **Pronunciación:** *La consonante* c   (*Pronunciación*–Textbook, page 221)
(*STM, page 227*)

You have already learned that *c* in combination with *e* or *i* (*ce, ci*) is pronounced like an *s*. The consonant *c* in combination with *a, o, u* (*ca, co, cu*) has a hard *k* sound. Listen and repeat after the speaker.

ca	co	cu
casa	come	cubano
cabeza	cocina	báscula
saca	comandante	película

Since *ce, ci* have the soft *s* sound, *c* changes to *qu* when it combines with *e* or *i* (*que, qui*) in order to maintain the hard *k* sound. Listen and repeat after the speaker.

que	qui
que	aquí
parque	química
embarque	equipaje
pequeño	equipo

Carmen come una comida cubana en casa.
¿Quién come una comida pequeña aquí en el parque pequeño?
El equipo pone su equipaje aquí en la báscula.

SEGUNDA PARTE

Actividad A   Listen and choose.
(*STM, page 227*)

Look at the illustration on your activity sheet.. You will hear five statements about it. If the statement describes the illustration, circle *sí* on your activity sheet. If the statement does not describe the illustration, circle *no*.

1. Es un talón para el equipaje.
2. Es la sección de no fumar.
3. UX650 es el número del vuelo.
4. El pasajero tiene el asiento 16F.
5. Las puertas de embarque están en las pantallas de televisión.

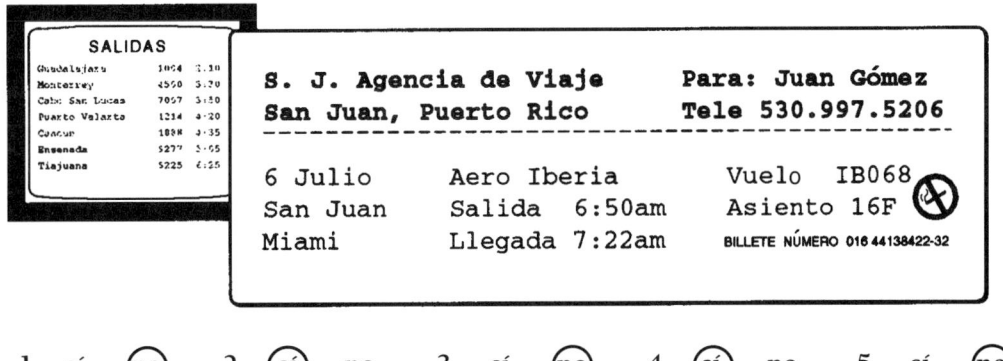

1. sí (no)   2. (sí) no   3. sí (no)   4. (sí) no   5. sí (no)

Actividad B Listen and answer.

(STM, page 228)

Look at the illustration on your activity sheet. You are the holder of the passport.
In a word or two, give the information requested by the immigration officer in the pause provided.

1. ¿Cuál es su nacionalidad, por favor?
   (Soy español. / Española.)
2. Nombres y apellidos, por favor.
   (José Luis Ruiz Rivas.)
3. ¿Cuál es su profesión?
   (Soy estudiante.)
4. ¿Es Ud. casado o soltero?
   (Soy soltero.)
5. ¿Cuál es su lugar de nacimiento?
   (Málaga)
6. ¿Y la fecha?
   (El 19 de agosto del 1969)

Muy bien, muchas gracias. Puede pasar.

Actividad C   Listen and answer.

(STM, page 229)

Look at the flight schedule on your activity sheet as you listen to some announcements. In the pause provided, indicate the time of arrival or departure of each flight announced.

1. Iberia anuncia la salida de su vuelo número 6104 con destino a Madrid.
   (Sale a las 11:10.)
2. Señores pasajeros, Aviateca anuncia la llegada de su vuelo 961 procedente de Los Ángeles.
   (Llega a las 6:30.)
3. American anuncia la salida de su vuelo número 928 a Miami. Todos a bordo, por favor.
   (Sale a las 8:15.)
4. El vuelo número 1122 de Continental está listo para su salida con destino a la ciudad de Houston. Puerta número cuatro.
   (Sale a las 6:00.)
5. COPA, la línea aérea panameña, anuncia la llegada de su vuelo número 110 procedente de Panamá y San José. Puerta 2.
   (Llega a las 12:00.)

¡NUEVA BATERIA!
Ultra Neo
Panasonic

¡VIDA PROLONGADA!

Horario de vuelos

Llegadas internacionales a Guatemala

Guat.	Compañía	Vuelo	Equipo	Escalas/Rutas
12:59	American	927	257	Miami/Guatemala
18:35		829	72M	Miami/Guatemala
20:33		991	72S	Dallas/Guatemala
06:30	Aviateca	961	733	Los Angeles/Guatemala
08:20		900	733	San José/MGA/Guatemala
08:40		021	733	Flores/Guatemala
15:30		911	73S	México/Guatemala
16:10		901	733	Miami/Guatemala
16:50		921	733	Houston/Mérida/Guatemala
16:40		023	733	Flores/Guatemala
21:10		951	733	Miami/Guatemala
20:19	Continental	1461	72S	Houston/Guatemala
12:00	Copa	110	737	Panamá/San José/Guatemala
20:00		318	737	Panamá/SJO/MGA/SAL/Guate.
08:20	Iberia	6105	D10	Madrid/Miami/Guatemala
16:45	KLM	745	B-747-400	Amsterdam/México/Guatemala (Miércoles, viernes y domingo)

Salidas internacionales de Guatemala

Guat.	Compañía	Vuelo	Equipo	Escalas/Rutas
06:15	American	928	757	Guatemala/Miami
13:59		930	72S	Guatemala/Miami
11:20		990	757	Guatemala/Dallas
18:50	Aviateca	960	733	Guatemala/Los Angeles
07:20		961	733	Guatemala/Sal/Managua
17:40		901	733	Guatemala/Managua/San José
07:00		022	73S	Guatemala/Flores
15:00		020	73S	Guatemala/Flores
09:50		910	73S	Guatemala/México
09:00		900	733	Guatemala/Miami
12:30		950	73S	Guatemala/Miami
08:30		920	73S	Guatemala/Mérida/Houston
17:30		930	73S	Guatemala/Flores/Cancún
08:00	Continental	1122	72S	Guatemala/Houston
07:00	Copa	317	737	Guat/Sal/MGA/SJO/Panamá
14:30		111	737	Guatemala/San José/Guatemala
11:10	Iberia	6104	D10	Guatemala/Miami/Madrid
18:45	KLM	746	B-747-400	Guatemala/México/Amsterdam (Miércoles, viernes y domingo)

Actividad D Look, listen, and choose.

(STM, page 230)

Look at the questions and answers on your activity sheet as you listen to an announcement aboard a flight. Do not repeat.

Buenas noches, señoras y señores. Les habla el comandante Trujillo. De parte de toda nuestra tripulación les quisiera dar la bienvenida a bordo de nuestro vuelo 412 con destino a Buenos Aires. Uds. están volando en un Boeing jumbo 747 de las Líneas Aéreas Argentinas. Esta noche nuestro tiempo aproximado de vuelo será doce horas con veinte minutos. Vamos a llegar a Buenos Aires mañana por la mañana a las nueve y diez, hora local.

En este momento estamos volando a una altura de once mil metros y a una velocidad de mil doscientos kilómetros por hora. Estamos a ciento cincuenta kilómetros al este del estado de Carolina del Norte. Seguiremos el mar Caribe hasta llegar a Venezuela. Seguiremos hacia el sur sobrevolando el Brasil y el Uruguay hasta llegar al aeropuerto de Ezeiza en Buenos Aires.

Les deseamos un vuelo placentero y agradable. Los dieciocho asistentes de vuelo que están en la cabina para servirles harán todo lo posible para que tengan un buen viaje.

Gracias por su atención y por haber escogido volar con las Líneas Aéreas Argentinas.

Now listen to the announcement again. As you listen, choose the correct answer to each question and circle *a, b,* or *c* on your activity sheet.

1. Who is speaking?

    (a.) the pilot   b. the flight attendant   c. the airport announcer

2. What is the destination?

    a. North Carolina   b. Caracas   (c.) Buenos Aires

3. About how many hours is the flight?

    a. 7   b. 9   (c.) 12

4. At what time will they land?

    (a.) 9:10 A.M.   b. 11:00 A.M.   c. 12:20 P.M.

5. At what altitude are they?

    a. 1,100 meters   (b.) 11,000 meters   c. 111,000 meters

6. What is their air speed?

    a. 120 kph   (b.) 1,200 kph   c. 12,000 kph

7. In what direction are they flying?

    a. north   (b.) south   c. west

8. What countries will they fly over?

    (a.) Brazil and Uruguay   b. Chile and Bolivia   c. Spain and Portugal

9. How many flight attendants are on board?

    a. 12   (b.) 18   c. 20

DEPORTES Y ACTIVIDADES DE INVIERNO

PRIMERA PARTE

VOCABULARIO

Palabras 1

 Actividad A   Listen and repeat.   (*Vocabulario, Palabras 1*–Textbook, pages 244–245) (*STM, page 231*)

Listen and repeat after the speaker.

EN LA ESTACIÓN DE ESQUÍ

la nevada	las gafas
el frío	el gorro
el invierno	los guantes de esquí
la temperatura	el anorak
	el bastón
	el esquí
	la bota

¿Qué tiempo hace en el invierno?
Hace frío.
Nieva.
Hay nevadas.
La temperatura baja a cinco grados (centígrados) bajo cero.

la estación de esquí	la nieve
la esquiadora	la pista
el esquiador	la cuesta
el telesquí	el slálom
el telesilla	el esquí alpino
la ventanilla	el esquí de descenso
la boletería	el esquí nórdico
	el esquí de fondo

Actividad B Listen and choose.

(STM, page 231)

Look at the illustrations on your activity sheet. You will hear eight sentences, each describing one of the illustrations. Write the number of the sentence below the corresponding illustration.

1. Ella hace el esquí de descenso.
2. Él hace el esquí de fondo.
3. Son los guantes de esquí.
4. Él lleva un anorak.
5. También lleva botas.
6. La muchacha sube en el telesquí.
7. Otros suben en el telesilla.
8. Compran los boletos en la ventanilla de la boletería.

📖 **Actividad C Listen and repeat.** (*Vocabulario, Palabras 1*–Textbook, page 245)
(*STM, page 232*)

>Listen and repeat after the speaker.
>
>>Los esquiadores suben la montaña.
>>Suben en el telesquí.
>>Anita sabe esquiar bien.
>>No es principiante. Es experta.
>>Ella baja la pista.
>>Baja rápido.

Actividad D Listen and choose.
(*STM, page 232*)

>Look at the illustration on your activity sheet. You will hear five statements. If the statement describes the illustration, circle *sí* on your activity sheet. If the statement does not describe the illustration, circle *no*.
>
>>1. Los esquiadores suben la montaña.
>>2. Ellos suben en el telesilla.
>>3. La muchacha sabe esquiar muy bien.
>>4. Ella es principiante. No es experta.
>>5. Ella sube la pista. Ella sube rápido.

1. (sí) no   2. (sí) no   3. (sí) no   4. sí (no)   5. sí (no)

📖 **Actividad E Listen and repeat.** (*Vocabulario, Palabras 1*–Textbook, page 245)
(*STM, page 232*)

>Listen and repeat after the speaker.
>
>>¿Roberto pierde algo?
>>¿Qué pierde?
>>Pierde un bastón.
>>Roberto dice que esquía bien.
>>Pero conocemos a Roberto.
>>No sabe esquiar muy bien.
>>Es un poco fanfarrón.

Actividad F   Listen and choose.

(STM, page 232)

Look at the illustration on your activity sheet. You will hear four statements. If the statement describes the illustration, circle *sí* on your activity sheet. If the statement does not describe the illustration, circle *no*.

1. El muchacho pierde un guante.
2. El muchacho sabe esquiar muy bien.
3. Es un poco fanfarrón. Dice que esquía muy bien.
4. El muchacho es experto.

1. sí (no)   2. sí (no)   3. (sí) no   4. sí (no)

Actividad G   Listen and choose.

(STM, page 232)

You will hear several questions, each followed by three possible answers. Choose the correct answer and circle *a, b,* or *c* on your activity sheet.

1. ¿Cuál es un mes de invierno en los Estados Unidos?
   a. Enero.
   b. Abril.
   c. Septiembre.

2. ¿Qué hay que tener para esquiar?
   a. Ventanillas.
   b. Telesillas.
   c. Nieve.

3. ¿Qué es el esquí nórdico?
   a. El esquí de fondo.
   b. El esquí de descenso.
   c. El esquí alpino.

4. ¿Qué se usa para subir la montaña?
   a. Un telesilla.
   b. Un anorak.
   c. Un bastón.

5. ¿Qué llevan en las manos cuando hace frío?
   a. Los bastones.
   b. Los guantes.
   c. Las gafas.

6. ¿Quién no sabe esquiar muy bien?
   a. Un profesional.
   b. Un experto.
   c. Un principiante.

1. (a) b c   3. (a) b c   5. a (b) c
2. a b (c)   4. (a) b c   6. a b (c)

Palabras 2

 Actividad H   Listen and repeat.   (*Vocabulario, Palabras 2*–Textbook, pages 248–249)
(*STM, page 232*)

    Listen and repeat after the speaker.

    EL PATINAJE
el patinaje sobre hielo	el patinaje artístico
el hielo	el patinaje sobre ruedas
la pista de patinaje	
el patinadero	la cuchilla
el patín	la hoja
los patines	las ruedas
el patinador	el monopatín

    Esta pista es para patinaje sobre hielo.
    Es una pista al aire libre.
    Y aquella pista es una pista para el patinaje sobre ruedas.
    Es una pista cubierta.

    Estos patines tienen cuchilla (hoja).
    Y aquellos patines tienen ruedas.

Actividad I   Listen and choose.
(*STM, page 233*)

    Look at the illustration on your activity sheet. You will hear five statements. If the statement describes the illustration, circle *sí* on your activity sheet. If the statement does not describe the illustration, circle *no*.

1. Es el patinaje sobre ruedas.
2. Es el patinaje artístico.
3. El patín tiene ruedas.
4. Es el patinaje sobre hielo.
5. Es una pista al aire libre.

    1. sí (no)   2. (sí) no   3. sí (no)   4. (sí) no   5. (sí) no

Actividad J Listen. *(Ejercicio A–Textbook, page 253)*
(STM, page 233)

Listen to the conversation. Do not repeat.

—Oye, Teresa, ¿tú sabes esquiar?
—Sí, sé esquiar. Pero no soy experta.
—¿Conoces a Tadeo?
—Sí, conozco a Tadeo, si tú hablas de Tadeo Castaño.
—Sí, hablo de él. No sabes que va a esquiar en las Olimpíadas.
—¡Esquiar en las Olimpíadas! ¡Qué honor para él! ¡Es fantástico!

Actividad K Listen and choose.
(STM, page 233)

You will hear several statements about the conversation you just heard. If the statement is true, circle *sí* on your activity sheet. If the statement is not true, circle *no*.

1. Teresa sabe esquiar.
2. Teresa es experta.
3. Teresa conoce a Tadeo Castaño.
4. Teresa va a esquiar en las Olimpíadas.
5. Tadeo va a esquiar en las Olimpíadas.

1. (sí) no   2. sí (no)   3. (sí) no   4. sí (no)   5. (sí) no

ESTRUCTURA

Actividad A Listen and choose.
(STM, page 233)

You will hear several statements. If the speaker is using the verb *saber*, circle *saber* on your activity sheet. If the speaker is using the verb *conocer*, circle *conocer*.

1. ¿Tú conoces a Fernando Ruiz?
2. Sí, claro que conozco a Fernando. ¿Por qué?
3. ¿Sabes que él es esquiador profesional?
4. Sé que trabaja en una estación de esquí. Pero no sé cuál.
5. ¿Conoces el Hotel Colón?
6. Sí, conozco el hotel.
7. ¿Sabes cómo llegar al hotel?
8. Sí, sé que está en la Carretera de la Costa.
9. Pues, sabes donde está la estación de esquí. Está muy cerca del hotel.

1. saber (conocer)   4. (saber) conocer   7. (saber) conocer
2. saber (conocer)   5. saber (conocer)   8. (saber) conocer
3. (saber) conocer   6. saber (conocer)   9. (saber) conocer

Actividad B   Listen and choose.

(STM, page 233)

You will hear several questions, each followed by three possible answers. Choose the correct answer and circle *a, b,* or *c* on your activity sheet.

1. ¿Qué dices, amigo?
   a. No dices nada.
   b. No digo nada.
   c. No decimos nada.

2. Y ellos, ¿qué dicen?
   a. No dice nada.
   b. No decimos nada.
   c. No dicen nada.

3. Y Uds., ¿qué dicen?
   a. No dicen nada.
   b. No decimos nada.
   c. No digo nada.

4. Y tu amigo, ¿qué dice?
   a. No dices nada.
   b. No dice nada.
   c. No digo nada.

5. Y yo, ¿qué digo?
   a. No dices nada.
   b. No dice nada.
   c. No digo nada.

1. a (b) c   3. a (b) c   5. (a) b c
2. a b (c)   4. a (b) c

Actividad C   Listen and answer.

(STM, page 233)

You will hear eight questions. Use the cues on your activity sheet and the correct form of *este, ese,* or *aquel* to answer each question orally in the pause provided. First listen to the example.

Example: (You hear)   ¿Qué libro quieres?
           (You see)   allí
           (You say)   Quiero ese libro.

1. ¿Qué gorro quieres?
   (Quiero ese gorro.)
2. ¿Qué guantes quieres?
   (Quiero estos guantes.)
3. ¿Qué anorak quieres?
   (Quiero aquel anorak.)
4. ¿Qué pista prefieres?
   (Prefiero esta pista.)

5. ¿Qué patines prefieres?
   (Prefiero aquellos patines.)
6. ¿Qué cancha prefieres?
   (Prefiero esa cancha.)
7. ¿Qué bastones prefieres?
   (Prefiero estos bastones.)
8. ¿Qué cuesta prefieres?
   (Prefiero esa cuesta.)

1. allí   3. allá   5. allá   7. aquí
2. aquí   4. aquí   6. allí   8. allí

CONVERSACIÓN

Actividad D   Listen.   *(Conversación–Textbook, page 258)*
(STM, page 234)

Listen to the conversation. Do not repeat.

AGUSTÍN: Carmen, ¿sabes esquiar?
CARMEN: Sí, sé esquiar. Pero no soy experta. Quisiera esquiar más pero no puedo.
AGUSTÍN: No puedes, ¿por qué?
CARMEN: Pues, no vivimos muy cerca de una estación de esquí.
AGUSTÍN: ¿No hay lugares donde hacen nieve artificial?
CARMEN: No, porque no tenemos montañas, sólo cuestas.
AGUSTÍN: Entonces debes aprender a hacer el esquí de fondo. El esquí es un deporte fantástico.

Actividad E   Listen and complete.
(STM, page 234)

Listen to the conversation in Actividad D again. As you listen, complete each incomplete sentence on your activity sheet.

1. Carmen sabe esquiar pero no es _____**experta**_____.
2. Ella quiere esquiar más pero no _____**puede**_____.
3. No hay una _____**estación**_____ de esquí cerca de donde ella vive.
4. Donde ella vive no hay montañas, sólo _____**cuestas**_____.
5. Su amigo recomienda el esquí de _____**fondo**_____.

PRONUNCIACIÓN

Actividad F   Pronunciación: *La consonante g*   *(Pronunciación–Textbook, page 259)*
(STM, page 234)

The consonant *g* has two sounds, hard and soft. You will study the soft sound in Chapter 10. *G* in combination with *a, o, u* (*ga, go, gu*) is pronounced somewhat like the *g* in the English word *go*. To maintain this hard *g* sound with *e* or *i*, a *u* is placed after the *g*: *gue, gui*. Listen and repeat after the speaker.

ga	gue	gui	go	gu
gafa	guerra	guitarra	algo	segundo
gana	guerrilla	Guillermo	pago	guante
paga	Guevara	guía	domingo	seguridad

La amiga llega y luego toca la guitarra.
Salgo el domingo para Uruguay.
Pongo las gafas y los guantes en la maleta.

SEGUNDA PARTE

Actividad A Listen and answer.
(STM, pages 234–235)

Look at the questions and answers on your activity sheet as you listen to a radio announcement. Do not repeat.

¡La agencia Gorostiza anuncia una oferta especial! ¡Esquíe con nosotros! ¡Clave sus bastones! ¡Ocho días en Bariloche! Cuatro salidas semanales—los martes, jueves, sábados y domingos. Todo incluído—vuelo de ida y vuelta, hotel, pases ilimitados a pistas fabulosas, clases diarias de esquí para futuros y principiantes con profesores expertos. ¡A un precio bajo de sólo cinco mil pesos! Consulte a su agente de viajes o visite nuestra agencia en Córdoba 81 aquí en el centro mismo de Buenos Aires o llámenos al 312-67-59. Repito—nuestro número de teléfono es 312-67-59. ¡Esquíe con Gorostiza! ¡Disfrute de sus vacaciones con Gorostiza!

Now listen to the radio announcement again. As you listen, choose the correct answer to each question and circle *a, b,* or *c* on your activity sheet.

1. What is the ad for?

    (a.) ski trips   b. skating lessons   c. sportswear

2. How many days is the stay at the resort?

    a. 4   (b.) 8   c. 12

3. What is the destination?

    a. Buenos Aires   b. Córdoba   (c.) Bariloche

4. How many departures are there per week?

    a. 2   (b.) 4   c. 8

5. What is the means of transportation?

    a. bus   b. train   (c.) plane

6. What is the price?

    a. 500 pesos   (b.) 5,000 pesos   c. 15,000 pesos

7. What is the address of the agency?

    (a.) Córdoba 81   b. Buenos Aires 80   c. Gorostiza 88

8. What is their phone number?

    a. 312-69-75   (b.) 312-67-59   c. 312-77-69

Actividad B   Listen and choose.

(STM, pages 235)

Listen to the radio announcement again. Do not repeat. As you listen, circle those items on your activity sheet that are included in the price of the trip.

¡La agencia Gorostiza anuncia una oferta especial! ¡Esquíe con nosotros! ¡Clave sus bastones! ¡Ocho días en Bariloche! Cuatro salidas semanales—los martes, jueves, sábados y domingos. Todo incluído—vuelo de ida y vuelta, hotel, pases ilimitados a pistas fabulosas, clases diarias de esquí para futuros y principiantes con profesores expertos. ¡A un precio bajo de sólo cinco mil pesos! Consulte a su agente de viajes o visite nuestra agencia en Córdoba 81 aquí en el centro mismo de Buenos Aires o llámenos al 312-67-59. Repito—nuestro número de teléfono es 312-67-59. ¡Esquíe con Gorostiza! ¡Disfrute de sus vacaciones con Gorostiza!

(round-trip air travel)   (hotel room)

all meals   all ski equipment: skis, poles, boots, etc.

(unlimited passes to the slopes)   bus transportation from the hotel
                                    to the slopes
(classes for beginners)

Actividad C   Listen and answer.

(STM, pages 235)

You are a meteorologist. People are calling with inquiries. Use the chart on your activity sheet to answer their questions with one or two words in the pause provided.

1. ¿Cuál es la temperatura máxima en Nueva York?
   (12 grados)
2. ¿Dónde está nevando hoy en España?
   (En Ávila, en Salamanca y en Segovia)
3. ¿Cuál es la temperatura mínima en Salamanca?
   (0 grados)
4. No me gusta el frío. ¿Dónde en España hace más calor hoy?
   (En Tenerife)
5. ¿Y dónde en Europa hace más frío hoy?
   (En Moscú)

Para viajeros

España	M.	m.	S.	España	M.	m.	S.	España	M.	m.	S.	Extran.	M.	m.	S.
Albacete	12	6	Ll	Huelva	16	8	Ll	Palma	18	8	C	Amsterdam	14	4	C
Algeciras	16	12	P	Huesca	13	7	Ll	Pamplona	8	7	Ll	Atenas	16	12	C
Alicante	18	14	Ll	Ibiza	17	11	Ll	Pontevedra	14	4	P	Berlin	6	-2	D
Almería	17	12	P	Jaén	14	7	Ll	Salamanca	3	0	N	Bruselas	12	8	C
Ávila	4	-1	N	Jerez	16	8	C	S. Sebastián	11	8	Ll	B. Aires	22	8	D
Badajoz	14	7	P	La Coruña	14	11	C	Santander	11	8	Ll	Copenhague	8	5	D
Barcelona	20	12	Ll	Lanzarote	22	16	P	Santiago	11	4	C	Dublin	11	5	C
Bilbao	11	9	Ll	Las Palmas	22	17	C	Segovia	3	0	N	Estocolmo	7	3	D
Burgos	3	1	Ll	León	9	3	Ll	Sevilla	14	9	P	Francfort	10	2	C
Cáceres	8	6	C	Lérida	16	8	Ll	Soria	4	3	Ll	Ginebra	7	5	C
Cádiz	17	11	C	Logroño	7	6	Ll	Tarragona	18	14	Ll	Lisboa	14	9	P
Castellón	15	11	Ll	Lugo	12	1	P	Tenerife	23	17	C	Londres	11	8	C
Ceuta	15	12	P	Mahón	19	11	P	Teruel	9	5	Ll	México	23	8	D
C. Real	7	6	Ll	Málaga	21	12	Ll	Toledo	12	7	Ll	Milán	10	8	C
Córdoba	10	9	Ll	Melilla	17	13	P	Valencia	17	14	Ll	Moscú	-10	-13	D
Cuenca	10	5	Ll	Murcia	16	14	P	Valladolid	5	1	Ll	Niza	16	14	D
Gerona	15	12	C	Orense	12	4	P	Vitoria	7	6	Ll	Nueva York	12	6	C
Granada	14	12	C	Oviedo	11	5	Ll	Zamora	10	7	Ll	Paris	12	8	P
Guadalajara	10	6	Ll	Palencia	10	4	P	Zaragoza	10	8	Ll	Roma	18	13	C

ABREVIATURAS.– M.: Temperatura máxima.– m.: Temperatura mínima.– S.: Situación ambiental.– D.: Despejado.– C.: Cubierto.– Ll.: Lluvias.– P.: Parcialmente cubierto.– T.: Tormentas.– N.: Nieve.– n.: Niebla.– Ch.: Chubascos.– (Datos del INM.)

Actividad D Listen and choose.

(STM, pages 236)

Listen to several calls being made to a ski resort. On your activity sheet you will see three subjects each call could be about. Choose the correct subject and circle *a*, *b*, or *c*.

1. Buenos días. ¿Me podría decir el tiempo que se espera para el sábado? Pensamos ir allí por la mañana, pero no si el tiempo está muy malo.
2. Sí, buenas tardes. Oiga, ¿tienen Uds. cuartos disponibles para el fin de semana? Necesitamos una habitación doble para el sábado y el domingo.
3. Yo quiero ir a sus pistas, pero no sé esquiar muy bien. Soy principiante. ¿Alguien me puede dar lecciones de esquí?
4. Yo no tengo carro. ¿Cómo puedo ir allí? ¿Hay servicio de autobuses o de trenes? Dígame, por favor.
5. Nosotros tenemos interés en ir a esquiar allí esta semana, pero trabajamos todo el día. ¿Hasta qué hora se puede esquiar? ¿Hay luces en las pistas? ¿Podemos esquiar de noche?
6. Vamos a estar allí por dos semanas. Nos interesa saber lo que sirven Uds. ¿Qué clase de comida dan? Somos vegetarianos y no comemos carne.
7. Nuestras hijas nos van a acompañar. No les interesa esquiar, pero sí, quieren patinar. ¿Tienen Uds. patinadero? ¿Es un patinadero cubierto o al aire libre? ¿Qué otras actividades ofrecen Uds.?
8. Yo siempre he querido aprender el patinaje artístico. Sé que Uds. tienen un patinadero cubierto, pero, ¿dan Uds. lecciones de patinaje artístico? ¿Son muy buenos los que enseñan? No quiero perder el tiempo. Quiero aprender.
9. Tengo mi propio avión. ¿Dónde puedo aterrizar? ¿Hay una pista de aterrizaje cerca de las pistas? ¿Tienen Uds. transporte desde el aeropuerto hasta el hotel?

1. a. prices   (b.) the weather   c. hours
2. a. transportation   b. facilities   (c.) rooms
3. (a.) lessons   b. the weather   c. food
4. a. rooms   b. hours   (c.) transportation
5. a. the weather   b. prices   (c.) hours
6. (a.) food   b. transportation   c. lessons
7. a. rooms   (b.) facilities   c. the weather
8. a. facilities   (b.) lessons   c. prices
9. (a.) transportation   b. the weather   c. hours

CAPÍTULO 10

LA SALUD Y EL MÉDICO

PRIMERA PARTE

VOCABULARIO

Palabras 1

 Actividad A   Listen and repeat.   (*Vocabulario, Palabras 1*–Textbook, pages 270–271) (*STM, page 237*)

    Listen and repeat after the speaker.
        ESTÁ ENFERMO
        enfermo
        cansada
        contento
        triste
        nervioso

        la gripe
        los escalofríos
        la fiebre

        El muchacho tiene la gripe.
        Tiene fiebre.

        estornudar
        el catarro
        La muchacha tiene catarro.

        tener dolor de garganta
        toser
        El muchacho tiene tos.

        tener dolor de cabeza
        tener dolor de estómago

        la cama
        guardar cama
        El enfermo guarda cama.

Actividad B Listen and choose.

(STM, page 237)

Look at the illustrations on your activity sheet. You will hear six sentences, each describing one of the illustrations. Write the number of the sentence below the corresponding illustration.

1. Isabel está cansada.
2. Roberto está contento.
3. José tiene que guardar cama.
4. Eloísa tiene un dolor de cabeza.
5. Tomás tiene fiebre.
6. Marta está estornudando.

Actividad C Listen and choose.

(*STM, page 237*)

You will hear several questions or statements, each followed by three responses. Choose the correct response and circle *a*, *b*, or *c* on your activity sheet.

1. ¿Por qué tienes que guardar cama?
    a. Porque estoy contento.
    b. Porque estoy triste.
    c. Porque estoy enfermo.

2. Paco tiene escalofríos y está estornudando.
    a. Está nervioso.
    b. Tiene la gripe.
    c. Está cansado.

3. Estoy trabajando desde temprano esta mañana. Quiero dormir.
    a. Sé que estás cansada.
    b. Sé que tienes tos.
    c. Sé que estás contenta.

4. Tengo dolor de cabeza.
    a. ¿Quieres estornudar?
    b. ¿Estás tranquila?
    c. ¿Quieres una aspirina?

5. Oye como está tosiendo Alejandra.
    a. Sí, ella está muy cansada.
    b. Es que tiene catarro.
    c. Pobrecita, está contenta.

6. Tienes examen hoy, ¿no estás nervioso?
    a. Nada, nada. Estoy completamente tranquilo.
    b. No, no tengo escalofríos.
    c. Voy a tomar un examen.

1. a b (c)   3. (a) b c   5. a (b) c
2. a (b) c   4. a b (c)   6. (a) b c

Palabras 2

 Actividad D Listen and repeat. (*Vocabulario, Palabras 2*–Textbook, pages 274–275)
(*STM, page 238*)

    Listen and repeat after the speaker.

    LA CLÍNICA Y LA FARMACIA
    el médico
    la médica
    la consulta del médico
    el consultorio del médico

    Tomás está en la consulta de la médica.
    La médica examina a Tomás.
    Tomás abre la boca.

    el hospital
    la clínica
    el enfermo
    la enfermera

    Me duele la cabeza.
    Me duele la garganta.
    Me duele el pecho.
    Me duele el estómago.

Actividad E Listen and choose.
(*STM, page 238*)

    Look at the illustrations on your activity sheet. You will hear six sentences, each describing one of the illustrations. Write the number of the sentence below the corresponding illustration.

    1. Ramón Ledesma es médico.
    2. La señora Meléndez es enfermera.
    3. El muchacho tiene dolor de garganta.
    4. Es la consulta del médico.
    5. A José le duele el pecho.
    6. La médica le examina la garganta al muchacho.

 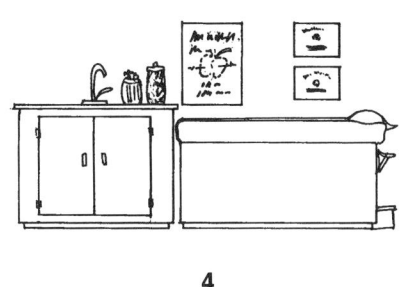 

2   4   1

  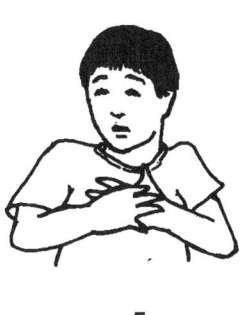

3   6   5

Actividad F   **Listen and repeat.**   (*Vocabulario, Palabras 2–Textbook, page 275*)
(*STM, page 238*)

Listen and repeat after the speaker.

la farmacia
el farmacéutico
la farmacéutica
las pastillas
las píldoras
los comprimidos
la receta

Tomás va a la farmacia.
La farmacéutica lee la receta.
Ella vende los medicamentos.
Ella despacha los medicamentos.

Actividad G Listen and choose.

(STM, page 238)

You will hear six statements. If the statement makes sense, circle *sí* on your activity sheet. If the statement does not make sense, circle *no*.

1. El farmacéutico examina a los enfermos.
2. La farmacéutica despacha medicamentos.
3. Los comprimidos o las pastillas son medicamentos.
4. Para algunos medicamentos es necesario tener una receta.
5. El farmacéutico receta los medicamentos.
6. La médica lee y despacha las recetas.

1. sí (no)   3. (sí) no   5. sí (no)
2. (sí) no   4. (sí) no   6. sí (no)

ESTRUCTURA

Actividad A Listen and answer.

(STM, page 238)

You will hear nine questions. Use the cues on your activity sheet to answer each question orally in the pause provided.

1. ¿Cómo es don Rogelio Zamora?
   (Es alto y rubio.)
2. ¿Cómo son los hijos de los Zamora?
   (Son simpáticos.)
3. ¿Es simpática doña Inés?
   (No, es antipática.)
4. Tu hermano, ¿es bajo?
   (Sí, es bajo.)
5. ¿Cómo es tu escuela?
   (Es grande y moderna.)
6. ¿Quién es fuerte?
   (Gonzalo es fuerte.)
7. Y tú, ¿cómo eres?
   (Soy inteligente y simpático[a].)
8. ¿Cómo es el curso de español?
   (Es interesante.)
9. ¿Y el curso de ciencias?
   (Es difícil.)

1. alto, rubio   4. sí   7. inteligente, simpático(a)
2. simpáticos   5. grande, moderna 8. interesante
3. no, antipática   6. Gonzalo   9. difícil

Actividad B   Listen and answer.

(STM, page 239)

You will hear seven questions. Use the cues on your activity sheet to answer each question orally in the pause provided.

1. ¿Cómo está Joselito hoy?
   (Está enfermo.)
2. Y tú, ¿cómo estás?
   (Estoy bien.)
3. Los chicos, ¿cómo están?
   (Están aburridos.)
4. ¿Cómo están Uds.?
   (Estamos cansados.)
5. ¿Cómo está Andrés?
   (Está triste.)
6. Están nerviosos los jugadores?
   (No, están tranquilos.)
7. Y la médica, ¿cómo está?
   (Está contenta.)

1. enfermo
2. bien
3. aburridos
4. cansados
5. triste
6. no, tranquilos
7. contenta

Actividad C   Listen and create.

(STM, page 239)

Look at the cues on your activity sheet. Create sentences using *ser* or *estar* in the pauses provided. First listen to the example.

Example: *(You see)*   el médico / muy bueno
           (You say)   El médico es muy bueno.

1. (La médica es inteligente.)
2. (Su consulta es moderna.)
3. (El enfermero es muy bueno.)
4. (La muchacha está enferma.)
5. (La consulta está en el edificio Burgos.)
6. (El edificio es alto.)
7. (El paciente está en el hospital.)
8. (El hospital es viejo.)

1. la médica / inteligente
2. su consulta / moderna
3. el enfermero / muy bueno
4. la muchacha / enferma
5. la consulta / en el edificio Burgos
6. el edificio / alto
7. el paciente / el hospital
8. el hospital / viejo

Actividad D Listen and choose.

(STM, page 239)

You will hear nine statements. If the statement indicates location or where something is, circle *location* on your activity sheet. If the statement indicates origin or where something is from, circle *origin*.

1. Abelardo es de Colombia.
2. Sí, es de Cartagena.
3. Cartagena está en la costa.
4. Cecilia es de Colombia también.
5. Su pueblo está en las montañas.
6. Su familia todavía está en el pueblo.
7. La casa de la familia está en el centro del pueblo.
8. Los abuelos de Cecilia no son de Colombia. Son de España.
9. Pero no están en España ahora, están en Colombia.

1. location (origin)   4. location (origin)   7. (location) origin
2. location (origin)   5. (location) origin   8. location   (origin)
3. (location) origin   6. (location) origin   9. (location) origin

Actividad E Listen and choose.

(STM, page 239)

Listen to the story. Do not repeat.

Fernando es un amigo muy bueno. Es muy inteligente también. Además es sincero y simpático. Siempre está de buen humor. Él es muy divertido. Pero hoy él no está de buen humor. Tiene dolor de cabeza y está enfermo. Él tiene la gripe. Él está en casa. Está en cama.

Listen to the story again. As you listen, each time you hear the verb *ser* or *estar* circle *characteristic*, *condition*, *origin*, or *location* on your activity sheet to tell what the verb is describing.

1. (characteristic)   condition   origin   location
2. (characteristic)   condition   origin   location
3. (characteristic)   condition   origin   location
4. characteristic   (condition)   origin   location
5. (characteristic)   condition   origin   location
6. characteristic   (condition)   origin   location
7. characteristic   (condition)   origin   location
8. characteristic   condition   origin   (location)
9. characteristic   condition   origin   (location)

Actividad F   Listen and answer.

(STM, page 240)

You will hear eight questions. Use the cues on your activity sheet to answer each question orally in the pause provided.

Example: *(You hear)*   ¿Qué te duele, Margarita?
           (You see)   la garganta
           (You say)   Me duele la garganta.

1. ¿Quién les llama a Uds.?
   (La enfermera nos llama.)
2. ¿Qué te duele?
   (Me duele la cabeza.)
3. ¿Quién te examina?
   (La médica me examina.)
4. ¿Qué te receta?
   (Me receta unas pastillas.)
5. ¿Me das unas pastillas?
   (No, no te doy unas pastillas.)
6. ¿Quién nos va a ver?
   (Nadie nos va a ver.)
7. ¿Me pueden hacer daño?
   (Sí, te pueden hacer daño.)
8. ¿Quién les despacha los medicamentos a Uds.?
   (El farmacéutico nos despacha los medicamentos.)

1. la enfermera	3. la médica	5. no	7. sí
2. la cabeza	4. unas pastillas	6. nadie	8. el farmacéutico

CONVERSACIÓN

 Actividad G   Listen.   *(Conversación–Textbook, page 284)*

(STM, page 240)

Listen to the conversation. Do not repeat.

DOCTOR: ¿Qué te pasa, José? Tienes la cara muy roja.
JOSÉ: Ay, doctor López. ¡Qué enfermo estoy!
DOCTOR: No, José. No es tan serio. ¿Cuáles son tus síntomas?
JOSÉ: Pues, doctor, tengo fiebre. Tengo escalofríos. Me duele la garganta. ¡Ay, Dios mío!
DOCTOR: ¿Y te duele el pecho?
JOSÉ: Sí, me duele todo. Y tengo tos.
DOCTOR: Bien, José. ¿Me puedes abrir la boca? Sí, José. Ya veo. La garganta está muy roja.
JOSÉ: ¿Qué tengo, doctor?
DOCTOR: No es nada serio. Tienes la gripe. Te voy a recetar unos antibióticos.

Actividad H Listen and choose.

(STM, page 240)

You will hear several questions about the conversation you just heard, each followed by two possible answers. Choose the correct answer and circle a or b on your activity sheet.

1. ¿Dónde está José?
   a. En la consulta del médico.
   b. En la farmacia.

2. ¿Cómo está José?
   a. Está contento.
   b. Está enfermo.

3. ¿Qué le duele a José?
   a. La garganta.
   b. La cabeza.

4. ¿Qué abre José?
   a. La camisa.
   b. La boca.

5. ¿Qué tiene José?
   a. La gripe.
   b. La diagnosis.

6. ¿Qué le receta el doctor López?
   a. Aspirina.
   b. Antibióticos.

1. (a) b   3. (a) b   5. (a) b
2. a (b)   4. a (b)   6. a (b)

PRONUNCIACIÓN

Actividad I Pronunciación: *La consonante* j   (*Pronunciación*–Textbook, page 285)

(STM, page 240)

The Spanish *j* sound does not exist in English. In Spain the *j* sound is very guttural (coming from the throat). In Latin America the *j* is much softer. Listen and repeat after the speaker.

ja	je	ji	jo	ju
Jaime	Jesús	ají	joven	jugar
hija	ejercicio	Jiménez	viejo	junio
jarabe	equipaje	jirafa	dibujo	julio

G in combination with *e* or *i* (*ge, gi*) has the same sound as the *j*. For this reason you must pay particular attention to the spelling of the words with *je, ji, ge,* and *gi*. Listen and repeat after the speaker.

ge	gi
general	Gijón
gente	alergia
generoso	gimnasio

El hijo del viejo general José trabaja en junio en Gijón.
El jugador hace ejercicios en el gimnasio.
El joven Jaime toma jarabe para la tos.

SEGUNDA PARTE

Actividad A   Listen and choose.
(STM, pages 240)

You are helping out at the hospital. The patient speaks only Spanish. Listen to what she says and translate for the doctor. Choose the appropriate translation for each question or statement and write the number on your activity sheet.

1. ¿Cuáles son mis síntomas?
2. Yo no tomo ningún medicamento.
3. ¿Tengo que estar a dieta?
4. ¿Necesito vitaminas?
5. Yo hago ejercicios aeróbicos.
6. Yo no tengo alergias.
7. Como mucha fibra.
8. Consumo pocas calorías.
9. ¿Cuál es su diagnosis?

__2__ I don't take any medication.   __6__ I don't have allergies.

__5__ I do aerobic exercises.   __9__ What is your diagnosis?

__4__ Do I need vitamins?   __8__ I consume few calories.

__7__ I eat a lot of fiber.   __1__ What are my symptoms?

__3__ Do I have to go on a diet?

Actividad B   Listen and complete.
(STM, pages 241)

You are getting a message marred by static. If the message is about where someone or something is from, use *ser*. If the message is about where something is, use *estar*. First listen to the example.

Example: (You hear)   Luis (garble) de México.
           (You say)   Luis es de México.

1. Luis (garble) de México.
   (Luis es de México.)
2. Sí, pero ahora él (garble) en Guatemala.
   (Sí, pero ahora él está en Guatemala.)
3. Sí, (garble) en casa de su hermana.
   (Sí, está en casa de su hermana.)
4. Sí, su hermana (garble) de México también.
   (Sí, su hermana es de México también.)
5. Sí, ellos (garble) de Guadalajara.
   (Sí, ellos son de Guadalajara.)
6. La casa de la hermana (garble) en la calle Mayor.
   (La casa de la hermana está en la calle Mayor.)
7. La hermana no (garble) en la casa ahora.
   (La hermana no está en la casa ahora.)
8. No, ella (garble) en España ahora.
   (Ella está en España ahora.)

Actividad C Listen and answer.

(STM, pages 241)

You are on vacation in Spain's Costa del Sol and are filling in answering the phones. You will hear people calling in, asking what pharmacies are open. Use the list of pharmacies on your activity sheet to answer their questions with a word or two in the pauses provided.

1. Vivo en Antequera. ¿Qué farmacia abre hoy?
   (Cándido Vidal)
2. En Málaga, ¿a qué hora cierra la farmacia Gonzalo Lazárraga, por favor?
   (A las 22 horas)
3. ¿Hay alguna farmacia en Málaga que abra después de la medianoche? ¿Cuál es una?
   (Sí, Luis del Río / M. Teresa Gómez / José L. León)
4. ¿Hay una farmacia en Torremolinos?
   (Sí, Armando Chocróm)
5. En Marbella, por favor, hay una farmacia en la avenida Ricardo Soriano. ¿Cuál es?
   (Pilar Pérez)

FARMACIAS

■ **MALAGA.**
9.30 a 22.00: Gonzalo Lazárraga, Puente Palmilla. M. Carmen Escuder, Camino Suárez 59. Luisa M. Villén, avda. Europa 111. Carlos Pérez, Plaza Merced 9. Matilde Rubio, Montes de Oca 18. Ignacio Muñoz, avda. Sor Tsa. Prat 54. Miguel D. Narváez, avda. Andalucía 61.
22.00 a 9.30: Luis del Río, avda. Paloma 8. M. Teresa Gómez, Diego V. Otero 3. José L. León, Plaza Verdiales 9 bajo 1.

■ **ANTEQUERA.** Cándido Vidal, Cantareros 24.

■ **BENALMADENA.** Antonio G–Guillamón, ctra. Cádiz km. 227 (Maite I).

■ **ESTEPONA.** Eloisa García, Adolfo Suárez 2.

■ **FUENGIROLA.** Rosario Mena, Nuevo Mijas 6, local 3.

■ **MARBELLA.** Pilar Pérez, avda. Ricardo Soriano edif. Altamira.

■ **RINCON DE LA VICTORIA.** José Abaurre. Avda. Mediterráneo, 75.

■ **RONDA.** Serrano, calle Espinel.

■ **TORRE DEL MAR.** Conchita R. Díaz, calle del Mar 24.

■ **TORREMOLINOS.** Armando Chocróm, avda. Principal (Playamar).

■ **VELEZ MALAGA.** Alfonso Zarza, Lope de Vega 5.

Actividad D Listen and complete.

(STM, page 241)

Look at the incomplete statements on your activity sheet as you listen to an advertisement. Do not repeat.

¿Sufre de dolores de cabeza, de dolores musculares? Pues nada mejor que Panadol. Panadol es un analgésico excelente. Búsquelo en su farmacia. En pastillas, tamaño pequeño de doce o tamaño grande de cien. Nada mejor que Panadol.

Now listen to the advertisement again. As you listen, write the completion to each statement on your activity sheet.

1. The ad is for people with __headaches, muscle pains__.
2. The name of the product is __Panadol__.
3. It is a(n) __pain killer (analgesic)__.
4. It can be obtained in a __pharmacy__.
5. It comes in the form of __pills__.
6. It is available in __two__ sizes.

CAPÍTULO 11

ACTIVIDADES DE VERANO

PRIMERA PARTE

VOCABULARIO

Palabras 1

 Actividad A   Listen and repeat.   (*Vocabulario, Palabras 1*–Textbook, pages 296–297)
(*STM, page 242*)

Listen and repeat after the speaker.

EL BALNEARIO
el parasol
la sombrilla
la toalla playera
la hamaca
la silla plegable
la arena
la playa
las olas
la plancha de vela
el mar
la crema protectora
la crema bronceadora
el traje de baño
el bañador
los anteojos de sol

el buceo
Manolo buceó.

el esquí acuático
Paco esquió en el agua.

Anita nadó

Actividad B Listen and choose.

(STM, page 242)

Look at the illustrations on your activity sheet. You will hear nine sentences, each describing one of the illustrations. Write the number of the sentence below the corresponding illustration.

1. Duerme en una hamaca.
2. Hay muchas olas hoy.
3. Y mucho sol, voy a usar la sombrilla.
4. ¿Me puedes dar la toalla, por favor?
5. Quiero la crema protectora.
6. Tu traje de baño es muy bonito.
7. Allí está Elena, practica el esquí acuático.
8. Yo prefiero el buceo.
9. Y yo, la plancha de vela.

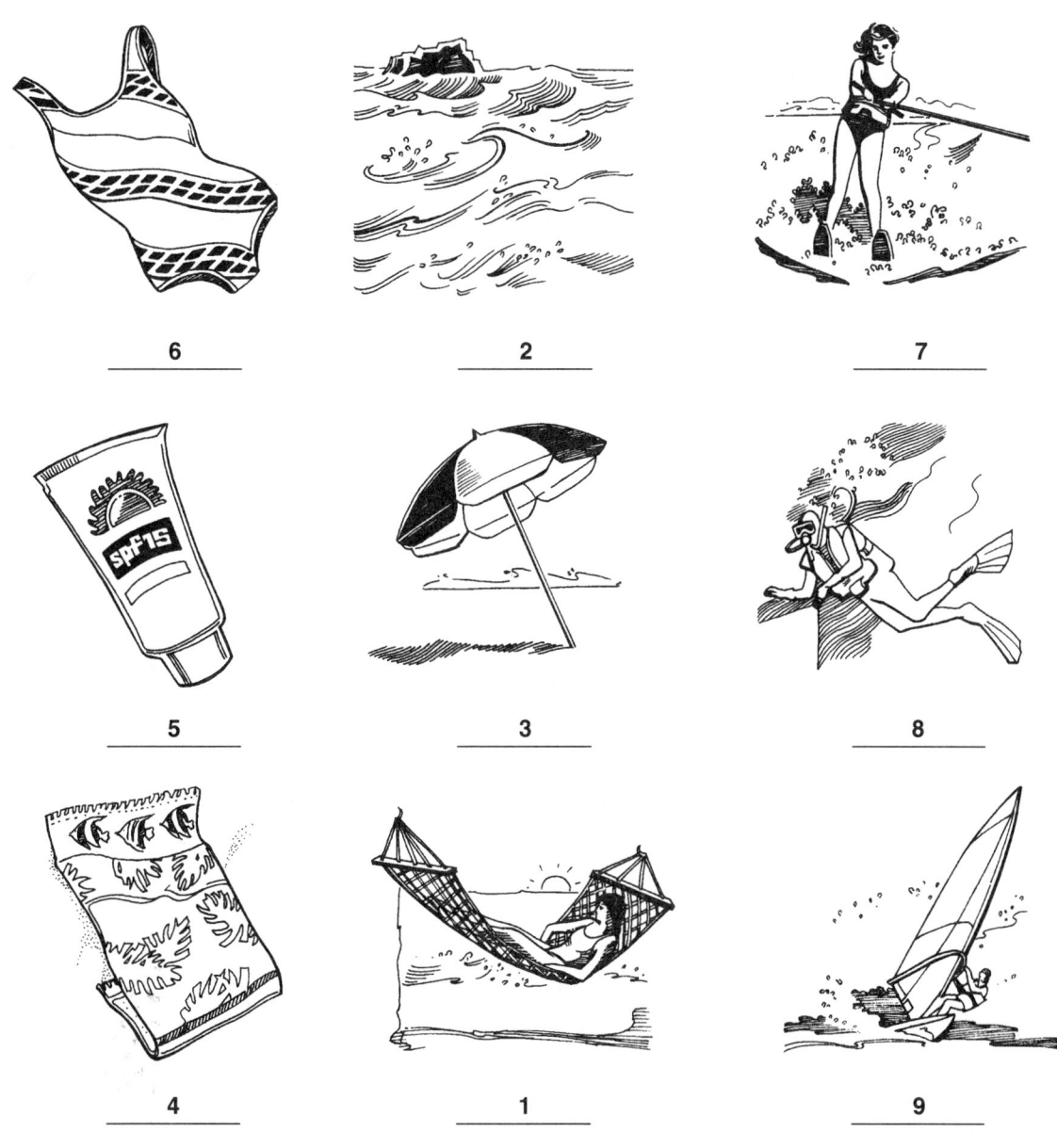

Actividad C Listen and repeat. (*Vocabulario, Palabras 1*–Textbook, page 297)
(*STM, page 243*)

Listen and repeat after the speaker.

el fin de semana
Ayer Gloria fue a la playa.
Ella pasó el fin de semana en la playa.
Ella lo pasó muy bien.
Usó crema protectora.
Tomó el sol.
Tomó (echó) una siesta en la hamaca.
La muchacha alquiló un barquito.

En el verano hace calor.
Hay sol.
El sol brilla en el cielo.

A veces hay nubes.
Cuando hay nubes, está nublado.
A veces hace viento. Llueve.

Actividad D Listen and choose.
(*STM, page 243*)

Look at the illustration on your activity sheet. You will hear nine statements. If the statement describes the illustration, circle *sí* on your activity sheet. If the statement does not describe the illustration, circle *no*.

1. Gloria fue a la playa el fin de semana.
2. Ella tomó una siesta en una silla plegable.
3. Ella alquiló un barquito.
4. Ella esquió en el mar.
5. Gloria buceó.
6. Ella nadó en el mar.
7. Hace mucho frío.
8. El sol brilla en el cielo.
9. Hace viento y llueve.

1. (sí)   no
2. (sí)   no
3. (sí)   no
4. sí   (no)
5. sí   (no)
6. (sí)   no
7. sí   (no)
8. (sí)   no
9. sí   (no)

Actividad E   Listen and choose.

(STM, page 243)

You will hear several questions or statements, each followed by three responses. Choose the correct response and circle *a, b,* or *c* on your activity sheet.

1. ¿Vamos a la playa, Jorge? ¿Qué crees?
   a. No, porque hay sol.
   b. No, porque está nublado.
   c. No, porque hace calor.
2. ¿Dónde vas a nadar?
   a. En el mar.
   b. En la arena.
   c. En la hamaca.
3. Quiero tomar el sol, pero el sol está muy fuerte hoy.
   a. ¿Por qué no usas una silla plegable?
   b. ¿Por qué no usas una toalla playera?
   c. ¿Por qué no usas crema protectora?
4. ¿Quieres esquiar en el agua?
   a. Sí, voy a alquilar un barquito.
   b. Sí, voy a buscar una hamaca.
   c. Sí, voy a comprar unos bastones.
5. Estoy muy cansada. Voy a tomar una siesta.
   a. Allí está la hamaca.
   b. Allí está la plancha de vela.
   c. Allí están los anteojos de sol.
6. No es una buena idea alquilar un barquito.
   a. Verdad, la arena está caliente.
   b. Verdad, hay mucho sol.
   c. Verdad, hay muchas olas.
7. ¡Ay, el sol brilla mucho!
   a. Voy a usar los anteojos de sol.
   b. Voy a usar una toalla.
   c. Voy a usar el bañador.

1. a (b) c   5. (a) b c
2. (a) b c   6. a b (c)
3. a b (c)   7. (a) b c
4. (a) b c

Palabras 2

 Actividad F Listen and repeat. (*Vocabulario, Palabras 2*–Textbook, pages 300–301)
(*STM, page 243*)

Listen and repeat after the speaker.

LOS DEPORTES
la piscina
la alberca
el lago

el tenis
el juego de tenis
la cancha de tenis
la raqueta
la cabeza
el mango
la pelota

Los amigos jugaron al tenis.
Golpeó la pelota con la raqueta.

el golf
el juego de golf
el campo de golf
el green
el palo
el bastón
la bolsa de golf
la bola
la pelota
el hoyo

Golpeó la bola con el bastón.
La bola está en el hoyo.

Actividad G Listen and choose.

(STM, page 243)

Look at the illustrations on your activity sheet. You will hear nine sentences, each describing a sporting activity. Write the number of the sentence below the illustration depicting the sport being described.

1. Ellos nadan en la piscina.
2. El señor está en el campo de golf.
3. Yo tengo una raqueta nueva.
4. Juego en la cancha de tenis todos los días.
5. La bola está en el hoyo.
6. Podemos ir a la cancha y jugar dobles.
7. Con este calor tengo que ir a la alberca.
8. Voy a comprar unos palos nuevos.
9. ¿Cuántos bastones tienes en la bolsa?

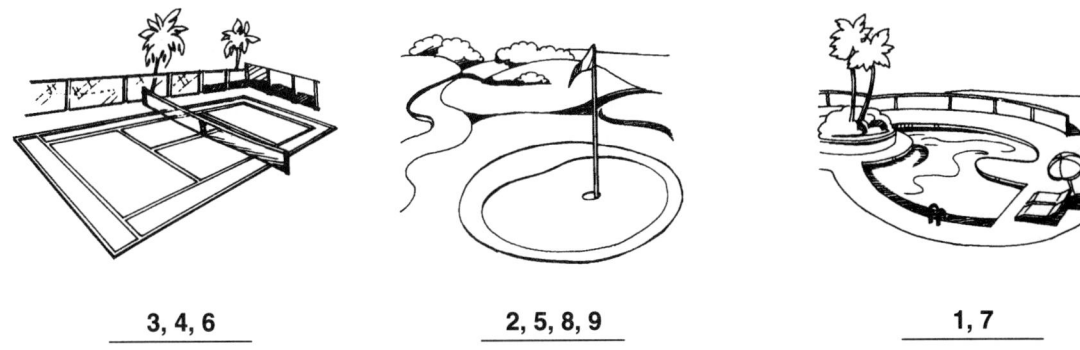

3, 4, 6   **2, 5, 8, 9**   **1, 7**

Actividad H Listen and choose.

(STM, page 244)

You will hear nine statements. If the statement makes sense, circle *sí* on your activity sheet. If the statement does not make sense, circle *no*.

1. Cuando hace mucho frío voy a la playa a tomar el sol.
2. Juego al golf en un campo de golf muy bonito.
3. Tengo unos bastones nuevos para jugar al tenis.
4. Nadamos en la cancha.
5. Alquilamos un barquito para hacer el esquí acuático.
6. Si hay mucho sol llevo una sombrilla.
7. Llueve cuando no hay nubes.
8. Me pongo el traje de baño cuando juego al golf en el otoño.
9. Jugamos en la arena de la cancha de tenis.

1. sí (no)   4. sí (no)   7. sí (no)
2. (sí) no   5. (sí) no   8. sí (no)
3. sí (no)   6. sí (no)   9. sí (no)

ESTRUCTURA

Actividad A Listen and answer.
(STM, page 244)

You will hear eight questions. Use the cues on your activity sheet to answer each question orally in the pause provided.

1. ¿Dónde pasaste el día ayer?
    (Pasé el día en la playa.)
2. ¿A qué hora llegaste a la playa?
    (Llegué a la una.)
3. ¿Nadaste?
    (Sí, nadé.)
4. ¿Qué llevaste a la playa?
    (Llevé una toalla y una silla plegable.)
5. ¿Tomaste una siesta?
    (No, no tomé una siesta.)
6. ¿Hablaste con alguien?
    (Sí, hablé con Laura.)
7. ¿Esquiaste en el agua?
    (No, no esquié en el agua.)
8. ¿A qué hora terminaste?
    (Terminé a las seis.)

1. la playa
2. 1:00
3. sí
4. una toalla y una silla plegable
5. no
6. sí, Laura
7. no
8. 6:00

Actividad B Listen, answer, and ask.
(STM, page 244)

You will hear five questions. Answer each question and then ask a question in the pause provided. First listen to the example.

Example: (You hear)   ¿Uds. nadaron?
           (You say)   Sí, nadamos. Y tú, ¿nadaste?

1. ¿Uds. tomaron el sol?
    (Sí, tomamos el sol. Y tú, ¿tomaste el sol?)
2. ¿Uds. usaron una crema protectora?
    (Sí, usamos una crema protectora. Y tú, ¿usaste una crema protectora?)
3. ¿Uds. esquiaron en el agua?
    (Sí, esquiamos en el agua. Y tú, ¿esquiaste en el agua?)
4. ¿Uds. alquilaron un barquito?
    (Sí, alquilamos un barquito. Y tú, ¿alquilaste un barquito?)
5. ¿Uds. bucearon?
    (Sí, buceamos. Y tú, ¿buceaste?)

Actividad C Listen and ask.

(STM, page 244)

You will hear six statements. Use the cues on your activity sheet to ask a question orally in the pause provided. First listen to the example.

Example: (You hear) Ayer cantamos.
           (You see) dónde
           (You say) ¿Dónde cantaron Uds.?

1. Ayer buceamos.
   (¿Dónde bucearon Uds.?)
2. Ayer jugamos.
   (¿A qué jugaron Uds.?)
3. Ayer ganamos.
   (¿A quiénes ganaron Uds.?)
4. Ayer tomamos una siesta.
   (¿Dónde tomaron Uds. una siesta?)
5. Ayer cantamos.
   (¿Qué cantaron Uds.?)
6. Ayer alquilamos un barquito.
   (¿Para qué alquilaron Uds. un barquito?)

1. dónde   **3. a quiénes**   **5. qué**

2. a qué   **4. dónde**   **6. para qué**

Actividad D Listen and answer.

(STM, page 244)

You will hear eight questions. Use a direct object pronoun to answer each question orally in the pause provided. First listen to the example.

Example: (You hear) ¿Los anteojos de sol?
           (You say) Sí, los tengo.

1. ¿Los anteojos de sol?
   (Sí, los tengo.)
2. ¿Las toallas?
   (Sí, las tengo.)
3. ¿La crema protectora?
   (Sí, la tengo.)
4. ¿El parasol?
   (Sí, lo tengo.)
5. ¿Los refrescos?
   (Sí, los tengo.)
6. ¿La hamaca?
   (Sí, la tengo.)
7. ¿Las sillas plegables?
   (Sí, las tengo.)
8. ¿El traje de baño?
   (Sí, lo tengo.)

Actividad E **Listen and answer.**

(STM, page 244)

You will hear five questions. Use the cues on your activity sheet to answer each question orally in the pause provided.

1. ¿Adónde fuiste ayer?
   (Fui a la playa.)
2. ¿Fuiste sola?
   (No, no fui sola.)
3. ¿Con quién fuiste?
   (Fui con Luisa.)
4. ¿A qué hora fuiste?
   (Fui a las dos.)
5. ¿Cómo fuiste?
   (Fui en carro.)

1. a la playa 3. Luisa 5. en carro
2. no 4. a las dos

Actividad F **Listen and answer.**

(STM, page 244)

You will hear five questions. Use the cues on your activity sheet to answer each question orally in the pause provided.

1. ¿Quién fue a la capital?
   (Doña Teresa fue a la capital.)
2. ¿Quién fue al centro?
   (Yo fui al centro.)
3. ¿Quiénes fueron al lago?
   (Los amigos fueron al lago.)
4. ¿Quiénes fueron al balneario?
   (Nosotros fuimos al balneario.)
5. ¿Quién fue primero?
   (Tú fuiste primero.)

1. doña Teresa 3. los amigos 5. tú
2. yo 4. nosotros

CONVERSACIÓN

Actividad G **Listen.** (*Conversación*–Textbook, page 310)
(STM, page 245)

Listen to the conversation. Do not repeat.

ELENA: ¿Adónde fuiste ayer, Carmen?
CARMEN: Pues, fui a la playa.
ELENA: ¿Fuiste a la playa y no me invitaste?
CARMEN: Pues, te llamé por teléfono, Elena, pero no contestaste.
ELENA: ¡Verdad! Fui a casa de Paco. Nadamos en su piscina.
CARMEN: Pues, Uds. nadaron en la piscina y yo nadé en el mar.

Actividad H Listen and choose.

(STM, page 245)

You will hear several statements about the conversation you just heard. If the statement is true, circle *sí* on your activity sheet. If the statement is not true, circle *no*.

1. Carmen fue a la playa ayer.
2. Y Elena fue a la playa también.
3. Carmen llamó a Elena por teléfono.
4. Carmen trató de invitar a Elena.
5. Elena contestó el teléfono.
6. Elena fue a casa de Paco.
7. Paco y Elena nadaron en el mar.
8. Y Carmen nadó en la piscina.

1. (sí) no   3. (sí) no   5. sí (no)   7. sí (no)
2. sí (no)   4. (sí) no   6. (sí) no   8. sí (no)

PRONUNCIACIÓN

Actividad I Pronunciación: *La consonante* r   *(Pronunciación–Textbook, page 311)*

(STM, page 245)

The Spanish trilled *r* sound does not exist in English. When a word begins with an *r* (initial position), the *r* is trilled. Within the word, double *r* (*rr*) is also pronounced as a trilled sound. Listen and repeat after the speaker.

ra	re	ri	ro	ru
raqueta	refresco	Ricardo	Roberto	Rubén
rápido	receta	rico	rojo	ruta

The sound for a single *r* within a word (medial position) does not exist in English either. It is trilled less than the initial *r* or *rr*. Listen and repeat after the speaker.

ra	re	ri	ro	ru
parasol	arena	balneario	miro	Aruba
playera	moreno	María	enfermero	Perú

Rápido corren los carros del ferrocarril.
La señorita puertorriqueña lleva el parasol rojo al balneario.
El perrito de Roberto corre en la arena.

SEGUNDA PARTE

Actividad A Look, listen, and choose.
(STM, page 245)

Look at the questions and answers on your activity sheet as you listen to a radio announcement. Do not repeat.

Disfruta de tus vacaciones. Visita Palmas del Mar donde puedes nadar, bucear, hacer el esquí acuático, jugar al tenis en canchas profesionales o simplemente descansar y tomar el sol en nuestra playa encantadora. En Palmas del Mar hay todo para ti y toda la familia. Disfruta de tu tiempo libre. Visita Palmas del Mar, a sólo cuarenta kilómetros de San Juan. Goza de la vida en Palmas del Mar.

Now listen to the announcement again. As you listen, choose the correct answer to each question and circle *a*, *b*, or *c* on your activity sheet.

1. ¿Para quiénes es el anuncio?

    a. para personas que quieren trabajo   b. para enfermos

    (c.) para personas que van de vacaciones

2. ¿Cuál es el nombre del lugar que anuncian?

    (a.) Palmas del Mar   b. Vistas de Palma   c. San Juan

3. ¿Dónde está el lugar?

    a. en un lago   b. en las montañas   **(c.)** en la costa

4. ¿Qué deporte no menciona el anuncio?

    a. el esquí acuático   **(b.)** el golf   c. el tenis

5. ¿Qué pueden hacer las personas que no quieren hacer deportes?

    (a.) tomar el sol   b. ir a San Juan   c. esquiar

6. ¿A cuántos kilómetros de San Juan está?

    a. cuatro   b. catorce   **(c.)** cuarenta

Actividad B Look, listen, and write.

(STM, page 246)

Look at the questions on your activity sheet as you listen to a radio advertisement. Do not repeat.

¿Quieres ponerte bien bronceado? ¿Quieres un color dorado? ¿Quieres también protección contra los fuertes rayos del sol? Entonces Crema Tropical es para ti. Usa Crema Tropical, la mejor loción bronceadora y protectora. ¡Protege la piel! ¡No vayas a la playa sin Crema Tropical! Crema Tropical, a sólo tres pesos el tubito. Tu mejor amiga en la playa. Crema Tropical.

Now listen to the advertisement again and answer the questions on your activity sheet with one or two words.

1. What kind of product is being advertised?
   suntan lotion/sunscreen

2. What is the name of the product?
   Crema Tropical

3. Where should you take it?
   to the beach

4. What will it do for you?
   protect your skin

5. How much does it cost?
   3 pesos

Actividad C Listen and complete.

(STM, page 246)

Look at the incomplete statements on your activity sheet as you listen to a news broadcast. Do not repeat.

Nuestro reportero, Roberto Barcía de la Mora, nos informa desde Manzanares en la Mancha. Roberto.

Gracias, Ofelia. Castilla, la Mancha, tan al interior, ofrece no menos de ochenta lagunas de todos los tipos y tamaños. Muchas de ellas propicias al baño, la natación, la embarcación a vela, el esquí acuático, etcétera; aparte de la pesca, que es un deporte interesante, y más cuando hay agua.

Hay lagunas con agua dulce, como las de Ruidera, y otras, salobre, como las de Villafranca de los Caballeros en Toledo: hay algunas que son de escaso fondo y cuyo lodo es beneficioso para un sinfín de enfermedades, como el reúma, el lumbago y cosas así.

Las lagunas se llenan de visitantes, gentes que no quieren saber nada del mar, de las playas de moda y que lo pasan ricamente en las lagunas, que son como oasis y que a veces, por su belleza, sorprenden al visitante más sofisticado. En las lagunas de Castilla, perfectas para el turismo interior y exterior, existe generalmente una paz que no es fácil encontrar hoy.

Now listen to the advertisement again. As you listen, write the completion to each statement on your activity sheet.

1. The reporter is in the town of __**Manzanares**__.
2. This town is in the area or region of __**Castilla, la Mancha**__.
3. In Castilla la Mancha there are over 80 __**lagoons**__.
4. They are suitable for the following activities: __**swimming, sailing, water skiing**__.
5. They are also excellent for fishing when there is __**more water**__.
6. Some of them have fresh water and others have salt __**water**__.
7. They contain mud that is supposed to be good for a number of __**illnesses**__.
8. Some of these illnesses are __**rheumatism**__ and __**lumbago**__.
9. Many of these lagoons are excellent for __**internal tourism**__ and foreign tourism.
10. They are usually very __**peaceful**__, something that is hard to find today.

CAPÍTULO 12

ACTIVIDADES CULTURALES

PRIMERA PARTE

VOCABULARIO

Palabras 1

 Actividad A   Listen and repeat.   (*Vocabulario, Palabras 1–Textbook, page 322*)
(*STM, page 247*)

    Listen and repeat after the speaker.
        EN EL CINE
        el cine
        la taquilla
        la sesión
        la entrada
        la localidad
        la cola
        la fila
        la pantalla
        el film
        la película
        la butaca

Actividad B Listen and choose.

(STM, page 247)

Look at the illustrations on your activity sheet. You will hear six sentences, each describing one of the illustrations. Write the number of the sentence below the corresponding illustration.

1. ¿Tienes las entradas?
2. Sí, las compré en la taquilla.
3. ¿Tuviste que hacer cola?
4. Sí, pero tengo dos butacas buenas.
5. ¿Cerca de la pantalla?
6. Sí, en la primera fila.

Actividad C Listen and repeat. (Vocabulario, Palabras 1–Textbook, pages 322–323)

(STM, page 247)

Listen and repeat after the speaker.

Carlos salió.
Perdió el autobús.
Tomó el metro.
Subió al metro en la estación Independencia.

Carlos vio una película en el cine.

Actividad D Listen and choose.

(STM, page 247)

You will hear several questions, each followed by three possible answers. Choose the correct answer and circle *a, b,* or *c* on your activity sheet.

1. ¿Qué perdió Carlos?
   a. El autobús.
   b. El metro.
   c. La película.

2. ¿Qué tomó Carlos?
   a. El autobús.
   b. El metro.
   c. La película.

3. ¿En qué estación subió al metro?
   a. Verano.
   b. Independencia.
   c. Una estación de esquí.

4. ¿Qué vio Carlos?
   a. Una estación.
   b. Una película.
   c. Un metro.

5. ¿Dónde la vio?
   a. En la estación.
   b. En el autobús.
   c. En el cine.

1. (a) b   c
2. a   (b) c
3. a   (b) c
4. a   (b) c
5. a   b   (c)

Actividad E Listen and choose.

(STM, page 248)

You will hear six questions. On your activity sheet you will see three possible answers for each question. Choose the correct answer and circle *a, b,* or *c*.

1. ¿Dónde hace cola la gente?
2. ¿Qué compran para entrar al cine?
3. ¿Qué dan en el cine?
4. ¿Qué son las sillas o los asientos en un cine o teatro?
5. ¿Qué es una línea de asientos, sillas o butacas?
6. ¿En qué proyectan una película?

1. a. en la pantalla   b. en la butaca   (c.) en la taquilla
2. (a.) entradas   b. butacas   c. películas
3. a. taquillas   (b.) películas   c. filas
4. (a.) butacas   b. pantallas   c. entradas
5. a. una entrada   (b.) una fila   c. una taquilla
6. (a.) en una pantalla b. en una butaca   c. en una entrada

Actividad F **Listen and choose.**

(STM, page 248)

You will hear several descriptions, each followed by the name of the item being described. If the answer is correct, circle *sí* on your activity sheet. If the answer is not correct, circle *no*.

1. Es el lugar en frente de un cine, teatro o estadio donde venden las entradas.
   Es la taquilla.
2. Para entrar en el cine tienes que comprar uno.
   Es una pantalla.
3. Es un asiento en el teatro.
   Es una butaca.
4. Es un grupo de personas en fila en frente de una taquilla.
   Es una cola.
5. Es el lugar donde paran los metros.
   Es una estación.
6. Es un medio de transporte subterráneo.
   Es un autobús.
7. Es un vehículo con ruedas, como un automóvil grande, para el transporte público.
   Es el metro.
8. Si la queremos ver, vamos al cine.
   Es una película.

1. (sí) no   3. (sí) no   5. (sí) no   7. sí (no)
2. sí (no)   4. (sí) no   6. sí (no)   8. (sí) no

Actividad G **Listen and repeat.**   (*Vocabulario, Palabras 1*–Textbook, page 323)

(STM, page 248)

Listen and repeat after the speaker.

EN EL MUSEO
el cuadro
el mural
la estatua
la escultora
el artista
la exposición de arte

Los turistas vieron una exposición en el museo.

EN EL CONCIERTO
la orquesta
los músicos
el director de orquesta

Actividad H Listen and choose.

(STM, page 248)

You will hear seven questions. On your activity sheet you will see three possible answers for each question. Choose the correct answer and circle *a, b,* or *c.*

1. ¿Dónde hay una exposición de arte?
2. ¿Qué son Picasso, Goya, Velázquez y el Greco?
3. ¿Qué clase de artista hace estatuas?
4. ¿Qué es la *Mona Lisa* o *Whistler's Mother?*
5. ¿Qué es un cuadro grande que cubre gran parte de una pared?
6. ¿Adónde vamos para oír la orquesta?
7. ¿A quién siguen los músicos?

1. a. en el cine   (b.) en el museo   c. en el mural
2. a. estatuas   b. escultores   (c.) artistas
3. a. músicos   (b.) escultores   c. turistas
4. (a.) un cuadro   b. un museo   c. un artista
5. a. una escultura   b. una exposición   (c.) un mural
6. a. al cine   (b.) al concierto   c. a una exposición de arte
7. a. al turista   b. a la orquesta   (c.) al director de orquesta

Palabras 2

Actividad I Listen and repeat. *(Vocabulario, Palabras 2–Textbook, pages 325–326)*

(STM, page 248)

Listen and repeat after the speaker.

EL TEATRO	
la actriz	Los actores dieron una representación de
el actor	*Bodas de Sangre.*
el telón	Los actores y las actrices entraron en escena.
la escena	
en el teatro	
el autor	El autor García Lorca escribió la obra teatral.
la obra	
un espéctaculo musical	Los espectadores vieron un espectáculo musical.
	El público aplaudió.
el mesero	Después del teatro, María y sus amigos comieron
la cuenta	en un restaurante.
el menú	El mesero le dio el menú.
la mesa	Después de la comida, el mesero le dio la cuenta.
la propina	Ella le dio (dejó) una propina.

Actividad J Listen and choose.

(STM, page 248)

You will hear six questions. On your activity sheet you will see three possible answers for each question. Choose the correct answer and circle *a*, *b*, or *c*.

1. ¿Quién es el hombre en la escena?
2. ¿Quién es la mujer en la escena?
3. ¿Qué cierran en frente de la escena después de cada acto?
4. ¿Quién sirve la comida en el restaurante?
5. ¿Qué trae el mesero después de la comida?
6. ¿Qué dejas para el mesero después de pagar la cuenta?

1. (a.) un actor   b. un artista   c. un telón
2. a. una estatua   b. una butaca   (c.) una actriz
3. a. el actor   b. el teatro   (c.) el telón
4. (a.) el mesero   b. la mesa   c. el público
5. a. la propina   (b.) la cuenta   c. el menú
6. (a.) la propina   b. la cuenta   c. el menú

Actividad K Listen and choose.

(STM, page 249)

You will hear six statements. If the statement makes sense, circle *sí* on your activity sheet. If the statement does not make sense, circle *no*.

1. Voy a la exposición de arte porque tengo hambre y quiero comer.
2. Hay cuadros preciosos en la escena.
3. El escultor nos trae el telón.
4. Cuando levantan el telón, la comedia empieza.
5. Cuando terminamos de comer, el mesero nos trae la cuenta.
6. La artista recibe una propina del mesero.

1. sí (no)   3. sí (no)   5. (sí) no
2. sí (no)   4. (sí) no   6. sí (no)

Actividad L Listen and choose.

(STM, page 249)

You will hear several statements, each followed by the question *¿Dónde están?* and three possible answers. Choose the correct answer and circle *a*, *b*, or *c* on your activity sheet.

1. ¡Silencio! Están levantando el telón.
   ¿Dónde están?
   a. En el cine.
   b. En el teatro.
   c. En el concierto.

2. Los músicos y el director son excelentes.
   ¿Dónde están?
   a. En una exposición.
   b. En un concierto.
   c. En un cine.

3. ¿Dónde está el mesero? Tengo hambre.
   ¿Dónde están?
   a. En una escena.
   b. En un restaurante.
   c. En un autobús.

4. Estamos muy cerca de la pantalla, ¿no crees?
   ¿Dónde están?
   a. En un cine.
   b. En una taquilla.
   c. En un metro.

5. En dos minutos llegamos a la estación.
   ¿Dónde están?
   a. En el metro.
   b. En una taquilla.
   c. En una cola.

6. ¡Qué preciosos cuadros!
   ¿Dónde están?
   a. En un cine.
   b. En un teatro.
   c. En un museo.

7. Esas esculturas son preciosas.
   ¿Dónde están?
   a. En una exposición.
   b. En un teatro.
   c. En un restaurante.

8. Dos entradas, por favor.
   ¿Dónde están?
   a. En un autobús.
   b. En una taquilla.
   c. En un metro.

9. Ya es tarde. No quiero nada más; sólo la cuenta.
   ¿Dónde están?
   a. En un museo.
   b. En un cine.
   c. En un restaurante.

1. a (b) c   4. (a) b c   7. (a) b c
2. a (b) c   5. (a) b c   8. a (b) c
3. a (b) c   6. a b (c)   9. a b (c)

ESTRUCTURA

Actividad A   Listen and answer.
(STM, page 249)

You will hear eight questions. Use the cues on your activity sheet to answer each question orally in the pause provided.

1. ¿Adónde fue Carmen anoche?
   (Fue al cine anoche.)
2. ¿Qué vio en el cine?
   (Vio una película nueva.)
3. ¿Qué película dieron?
   (Dieron un documental.)
4. ¿A qué hora volvió Carmen a casa?
   (Volvió a las nueve.)
5. ¿Dónde comieron Uds. anoche?
   (Comimos en un restaurante.)
6. ¿Que te dio el mesero?
   (Me dio un menú.)
7. ¿A quién viste en el restaurante?
   (Vi a Josefina en el restaurante.)
8. ¿A qué hora salieron Uds. del restaurante?
   (Salimos del restaurante a las once.)

1. cine
2. película nueva
3. documental
4. 9:00
5. en un restaurante
6. un menú
7. a Josefina
8. 11:00

Actividad B   Listen and answer.
(STM, page 249)

You will hear five questions. Use the cues on your activity sheet to answer each question orally in the pause provided.

1. ¿Le hablaste a Fernando?
   (Sí, le hablé.)
2. ¿Qué le diste?
   (Le di las noticias.)
3. ¿Y él les dio las noticias a sus padres?
   (Sí, les dio las noticias a sus padres.)
4. Y tú, ¿les diste las noticias a tus padres?
   (Sí, les di las noticias a mis padres.)
5. ¿Cómo? ¿Les escribiste?
   (No, les hablé.)

1. sí
2. las noticias
3. sí
4. sí
5. no, hablar

Actividad C Listen and answer.

(STM, page 249)

Look at the illustrations on your activity sheet as you listen to several questions. In the pause provided, answer each question orally according to the illustrations.

1. ¿Qué le duele al muchacho?
   (Al muchacho le duele la garganta.)
2. ¿Quién le examina?
   (El médico le examina.)
3. ¿Quién le da la diagnosis?
   (El médico le da la diagnosis.)
4. ¿Qué le da el médico?
   (El médico le da una receta.)
5. ¿Y quién le despacha la medicina?
   (La farmacéutica le despacha la medicina.)

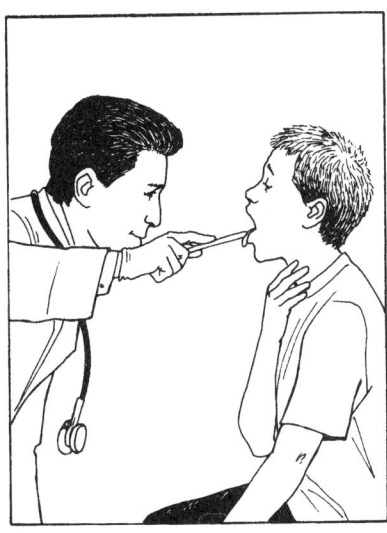 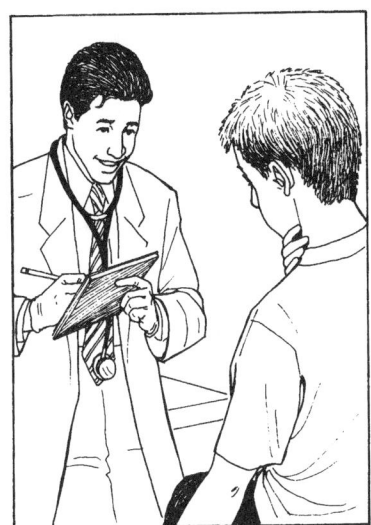 

CONVERSACIÓN

 Actividad D Listen. (*Conversación*–Textbook, page 334)
(STM, page 250)

Listen to the conversation. Do not repeat.

PABLO: Sarita, ¿saliste anoche?
SARITA: Sí, ¿por qué me preguntas?
PABLO: Pues, te di una llamada y no contestaste.
SARITA: Sí, salí con un grupo de amigos de la escuela.
PABLO: ¿Adónde fueron?
SARITA: Asistimos a un concierto de rock en el Teatro Municipal. Y luego fuimos a comer en un restaurante.
PABLO: ¿A qué hora volviste a casa?
SARITA: Pues, no volví hasta las once y pico.

Actividad E Listen and choose.

(STM, page 250)

You will hear six statements about the conversation you just heard. If the statement is true, circle *sí* on your activity sheet. If the statement is not true, circle *no*.

1. Sarita no salió anoche.
2. El muchacho le llamó por teléfono anoche.
3. Ella salió con unos amigos de la escuela.
4. Ellos asistieron a un concierto de jazz.
5. Y comieron una merienda en casa.
6. Sarita volvió a casa un poco después de las once.

1. sí (no)   3. (sí) no   5. sí (no)
2. (sí) no   4. sí (no)   6. (sí) no

PRONUNCIACIÓN

 Actividad F Pronunciación: La h, la y, la ll   *(Pronunciación–Textbook, page 335)*
(STM, page 250)

The *h* in Spanish is silent. It is never pronounced. Listen and repeat after the speaker.

h
hambre   hermano
hijo   hotel

Y in Spanish can be either a vowel or a consonant. As a vowel it is pronounced exactly the same as the vowel *i*. Listen and repeat after the speaker.

Juan y María
El piano y la guitarra

Y is a consonant when it begins a word or a syllable. As a consonant, *y* is pronounced similarly to the English *y* in the word *yoyo*. This sound has several variations throughout the Spanish-speaking world. Listen and repeat after the speaker.

y
ya   playa   playera
uruguayo   ayuda   desayuno

Until 1994 the *ll* was considered a single consonant in Spanish and used to be a separate letter of the alphabet. In many areas of the Spanish-speaking world it is pronounced the same as the *y*. It too has several variations. Listen and repeat after the speaker.

ll
llama   ella   taquilla
pantalla   lleva   llega
calle   lluvia

La hermana habla hoy con su hermano en el hospital.
Ella llega al hotel en aquella calle.
Ella llega a la taquilla con el billete.
El hombre lleva el desayuno a la playa bajo la lluvia.

SEGUNDA PARTE

Actividad A Listen and write.

(STM, page 250)

You will hear several short narratives. As you listen, write down on your activity sheet where each narrative is taking place.

1. Mira, Rafael. Yo no quiero ver otra película. Si es que vamos al cine, yo voy a salir en la próxima estación y volver a casa. ¿Comprendes?
2. Ahora, Luisa, tú tienes el papel de la madre. Daniel, tú eres el padre. Cuando Luisa entra en escena tú corres a su lado y le das la carta. Luisa, tú lees la carta con cara triste. ¿Todos entienden?
3. Señor, ¿podemos parar en la próxima esquina? Mi escuela está muy cerca. Creo que hay una parada en la esquina antes de la luz roja.
4. Estas son sus butacas, señores. Aquí en la tercera fila, cerca de la pantalla.
5. Y en la próxima sala, señores, van a ver los cuadros de Ignacio Zuloaga. Noten Uds. los colores que emplea y los personajes que pinta. Son personas que uno ve en la calle todos los días.
6. Oye, Eloísa. Sé que el servicio no fue de lo mejor, pero no podemos salir sin dejar alguna propina al mesero. No, insisto, puede ser poco, pero hay que dejar algo.
7. Mira, ha entrado el director. Los músicos están en su sitio. Tú sabes cual es el programa, ¿no? Es de Beethoven, ¿verdad?
8. Ya estoy en esta cola más de una hora. Si no hay entradas cuando llegue a la ventanilla no sé lo que voy a hacer. Me vuelvo loco o le asesino al que vende las entradas.
9. Yo creo que las esculturas de Rodin son preciosas. Vamos a la sala de esculturas para ver si tienen algo de él allí.

1. **en el metro**
2. **en el teatro**
3. **en el autobús**
4. **en el cine**
5. **en el museo**
6. **en el restaurante**
7. **en el concierto**
8. **en la taquilla**
9. **en el museo**

Actividad B Listen and write.

(STM, page 251)

Look at the questions on your activity sheet as you listen to a radio broadcast. Do not repeat.

Anoche se presentó por primera vez la película emocionante *¿Dónde está nuestro hijo?* del famoso director de cine Guillermo Sampere. Trata de un niño precioso de cuatro años de edad llamado Angelito que una mañana salió de casa y no volvió. Sus padres, tristes y desconsolados, corrieron por toda la ciudad pero en ninguna parte vieron a su hijo. Llamaron a la policía.

Por una semana, día y noche, los padres, vecinos y agentes de policía salieron en busca de la pobre criatura perdida. ¿Lo encontraron por fin? Sí, lo encontraron en una playa—pero cómo lo encontraron, no les puedo decir. Pero les puedo decir que todos estaban muy contentos y Uds. también van a estar contentos.

Les recomiendo que vayan a ver en seguida esta excelente película tierna y emocionante. *¿Dónde está nuestro hijo*—una película que no pueden perder.

El actor Conrado Herrero hizo el papel del padre del niño. ¿Y quién hizo el papel de la madre desconsolada? Nada menos que la famosísima actriz—Sandra Arniches.

Están presentando *¿Dónde está nuestro hijo?* en el Cine Independencia en la Avenida Independencia frente a la estación de Metro Independencia. Hay dos funciones diarias—la primera a las dos de la tarde y la segunda a las ocho y media de la noche. Repito: Les recomiendo que vean *¿Dónde está nuestro hijo?* Es una película que no van a olvidar nunca. Les aseguro, es una película maravillosa.

Now listen to the broadcast again and answer the questions on your activity sheet with one or two words.

1. What kind of radio broadcast is it?

    a movie review

2. When was the first performance?

    last evening

3. What is the title?

    ¿Dónde está nuestro hijo?

4. Who is Guillermo Sampere?

    the director

5. What happened to Angelito?

    he disappeared

6. Whom did the parents call?

    the police

7. Where was Angelito found?

    on the beach

8. Who is Conrado Herrero?

    an actor who plays the part of the boy's father

9. Who is Sandra Arniches?

    an actress who plays the part of the boy's mother

10. Where can you see the film?

    Cine Independencia

11. What is the location of the theater?

    Avenida Independencia in front of the metro station

12. What would seem to be a convenient way to get there?

    metro

13. How many shows a day are there?

    two

Actividad C **Look, listen, and write.**

(*STM, page 252*)

Look at the bill on your activity sheet. You will hear several questions about it. As you listen, write the answer to each question on your activity sheet.

1. ¿Qué nombre tiene el retaurante?
2. ¿Quién es el dueño del restaurante?
3. ¿Dónde está?
4. ¿Cuál es el número de la mesa?
5. ¿Qué costó 250?
6. ¿Cuánto pagaron por el pan?
7. ¿Tomaron agua mineral?
8. ¿Cuánta agua mineral tomaron?
9. ¿Qué es este papel?
10. ¿Qué tomaron al final?
11. ¿Qué está incluido en el precio?
12. ¿Cuánto pagaron en total por la comida?

Venta EL ORO

JUANA CANO GUERRERO · D.N.I. 31.954.412

Bar-Restaurante

Carretera Cádiz-Málaga Km. 115 · Tel. 66 47 72

GUADACORTE
(Los Barrios)   6-8-94

Mesa Núm. _15_   Factura Núm. _1646_

		PESETAS
	Ensalada	250
1	Queso E.	500
1	Pargo Espalda 450 grs.	1350
1	Rabo	700
1	B. Vino	350
½	Mineral	60
	pan	80
	Cafés y Copas	350
		3.640

I.V.A. INCLUIDO (Tipo aplicado 6 %)   TOTAL...

1. Venta El Oro
2. Juana Cano Guerrero
3. Guadacorte
4. número 15
5. ensalada
6. 80 pesetas
7. sí
8. media botella
9. una cuenta
10. cafés y copas
11. IVA (6%)
12. 3.640 pesetas

Actividad D Look, listen, and answer.

(STM, page 253)

You are filling in at the box office of the Teatro la Perla. Use the information sheet they left you at the box office to answer the phone calls in the pauses provided.

1. Buenas tardes. Quiero cuatro entradas para este sábado.
   (No hay entradas para este sábado.)
2. Por favor, ¿cuánto cuestan las butacas de patio?
   (filas 1–11, 500 pesos; filas 12–26, 300 pesos)
3. Preferimos las sesiones por la tarde. ¿Qué días hay sesiones por la tarde?
   (los jueves, los sábados y los domingos)
4. Butacas de patio, fila 14, ¿cuánto cuestan, por favor?
   (300 pesos)
5. ¿Qué están dando Uds. esta semana?
   (¿Dónde está nuestro hijo?)
6. ¿Y quién es el director?
   (Guillermo Sampere)
7. ¿Y los actores?
   (Sandra Arniches y Conrado Herrera)
8. ¡Excelente! Son mis favoritos. Dos entradas para este sábado, por favor.
   (No hay entradas para este sábado.)
9. Soy estudiante y no quiero pagar mucho. ¿Cuáles son las entradas más económicas?
   (Balcones, 150 pesos)
10. ¿Cuáles son las horas de las funciones el domingo, por favor?
    (las dos y las ocho)
11. No quiero pagar más de 300 pesos. ¿Qué me puede dar?
    (Butacas de patio, filas 12–26, 300 pesos o balcones, 150 pesos)
12. Por favor, tres entradas para la sesión de la noche del lunes. Preferimos butacas de patio.
    (No hay función los lunes.)
13. ¿Me puede reservar dos butacas de patio para la sesión de las 2:00 el martes?
    (No hay función por la tarde los martes.)
14. Queremos unas localidades muy buenas. ¿Qué precio tienen las butacas de primera fila?
    (500 pesos)

¿Dónde está nuestro hijo?

Director Guillermo Sampere

Actores Sandra Arniches / Conrado Herrera

Sesiones
martes y miércoles	8:00 P.M.
jueves	2:00 P.M. y 8:00 P.M.
sábado	3:00 P.M. y 9:00 P.M.
domingo	2:00 P.M. y 8:00 P.M.
lunes	descanso, no hay función

¡NO HAY ENTRADAS PARA ESTE SÁBADO!

Precios
Butacas de patio, filas 1–11	500 pesos
Butacas de patio, filas 12–26	300 pesos
Balcones	150 pesos

LA ROPA Y LA MODA

PRIMERA PARTE

VOCABULARIO

Palabras 1

 Actividad A Listen and repeat. (*Vocabulario, Palabras 1*–Textbook, pages 360–361) (*STM, page 254*)

Listen and repeat after the speaker.

DE COMPRAS
la tienda de ropa para caballeros (señores)
el escaparate
el traje
la gabardina
la camisa
la chaqueta
el blusón
el T shirt
la camiseta
el abrigo
el saco
la corbata
el blue jean
los pantalones
los calcetines
la talla
el tamaño
el precio

las sandalias
los tenis
los zapatos
el número

el mostrador
el cliente
el dependiente
la dependiente
la caja

la tienda de ropa para damas (señoras)
la vitrina
el sombrero
el cinturón
la blusa
el suéter
el jersey
las medias
la falda
el vestido

Actividad B Listen and choose.

(STM, page 254)

Look at the illustrations on your activity sheet. You will hear nine sentences, each describing one of the illustrations. Write the number of the sentence below the corresponding illustration.

1. Hay muchas cosas en el escaparate.
2. El traje es muy bonito.
3. Ese vestido es precioso.
4. Y la falda también.
5. Necesito un par de zapatos.
6. Y yo, un par de sandalias.
7. Y para el invierno, un abrigo.
8. Voy a comprar unos pantalones.
9. Pues, ¿dónde hay un dependiente?

Actividad C Listen and repeat. (*Vocabulario, Palabras 1*–Textbook, page 361)
(*STM, page 255*)

Listen and repeat after the speaker.

Juan va de compras.
Habla con la dependiente
 en la tienda de ropa.

¿Te gustan estos zapatos?
¿Te sientan bien?
¿Cómo te sientan?
Sí, me gustan y me sientan bien.

Los zapatos no cuestan mucho.
No son caros. Son baratos.
¿Cuánto cuestan?
Cuestan 1.000 pesos.
Juan paga en la caja.
Paga con una tarjeta de crédito.

Pero a José no le interesa nada.
Nunca le gusta nada.

Actividad D Listen and choose.
(*STM, page 255*)

Look at the illustration on your activity sheet. You will hear eight statements. If the statement describes the illustration, circle *sí* on your activity sheet. If the statement does not describe the illustration, circle *no*.

1. El señor va de compras.
2. El señor habla con un cliente.
3. Al señor no le interesa nada.
4. El señor compra zapatos.
5. Los zapatos no le sientan bien.
6. Los zapatos cuestan dos mil pesos.
7. El señor paga en el escaparate.
8. El señor paga con una tarjeta de crédito.

1. (sí) no
2. sí (no)
3. sí (no)
4. (sí) no
5. sí (no)
6. sí (no)
7. sí (no)
8. (sí) no

Actividad E Listen and choose.

(*STM, page 255*)

You will hear several questions, each followed by three possible answers. Choose the correct answer and circle *a, b,* or *c* on your activity sheet.

1. ¿Quién trabaja en la tienda?
    a. La dependiente.
    b. La cliente.
    c. La camiseta.

2. ¿Quién va de compras en la tienda?
    a. El dependiente.
    b. El cliente.
    c. El blusón.

3. ¿Dónde están los zapatos?
    a. En la tarjeta de crédito.
    b. En el blusón.
    c. En el escaparate.

4. ¿Qué lleva el señor para trabajar en una oficina?
    a. Unos tenis.
    b. Un T shirt.
    c. Un traje.

5. ¿Qué lleva la señora en la cabeza?
    a. Unas sandalias.
    b. Una corbata.
    c. Un sombrero.

6. ¿Qué lleva la señora cuando hace mucho frío?
    a. Un abrigo.
    b. Unos blue jeans.
    c. Un cinturón.

7. ¿Qué precio tiene la blusa?
    a. Número trece.
    b. Muy grande.
    c. Mil pesos.

8. ¿Dónde puedo pagar?
    a. En el escaparate.
    b. En la caja.
    c. En la vitrina.

1. (a) b   c   3. a b (c)   5. a b (c)   7. a b (c)
2. a (b) c   4. a b (c)   6. (a) b   c   8. a (b) c

Palabras 2

Actividad F Listen and repeat. (*Vocabulario, Palabras 2*–Textbook, page 364)
(*STM, page 255*)

Listen and repeat after the speaker.

LA ROPA Y LOS COLORES

la manga corta	el tacón alto
la manga larga	el tacón bajo
ancho	estrecho
grande	pequeño
una blusa a rayas	el botón
un saco a cuadros	el zíper
	la cremallera

Actividad G Listen and choose.
(*STM, page 255*)

Look at the illustrations on your activity sheet. You will hear six sentences, each describing one of the illustrations. Write the number of the sentence below the corresponding illustration.

1. Los zapatos son demasiado estrechos.
2. Es una camisa de manga larga.
3. Es una blusa a rayas.
4. Es un zapato de tacón alto.
5. Los pantalones tienen una cremallera.
6. Es un saco a cuadros.

Actividad H   Listen and repeat.   (*Vocabulario, Palabras 2*–Textbook, page 365)

(*STM, page 256*)

Listen and repeat after the speaker.

Estos zapatos no me sientan bien.   Esta camisa me queda bien.
Son demasiado estrechos.   Sí, sí. Me gusta mucho.
Me aprietan.   Este saco hace juego con esta camisa.

Los colores
rojo   negro
azul   blanco
gris   amarillo
verde   anaranjado
marrón

Actividad I   Listen and choose.

(*STM, page 256*)

You will hear five statements. If the statement makes sense, circle *sí* on your activity sheet. If the statement does not make sense, circle *no*.

1. El color de los árboles es azul.
2. Y el color del mar es azul.
3. Si tienes los ojos amarillos, tienes un problema.
4. La nieve es blanca.
5. Los colores de la bandera americana son rojo, blanco y negro.

1. sí (no)   2. (sí) no   3. (sí) no   4. (sí) no   5. sí (no)

ESTRUCTURA

Actividad A   Listen and answer.

(*STM, page 256*)

You will hear five questions. Use the cues on your activity sheet to answer each question orally in the pause provided.

1. ¿Qué le interesa a José Luis?
   (Le interesa la historia.)
2. Y a ti, ¿qué te interesa?
   (Me interesa la geografía.)
3. ¿Qué les interesa a los muchachos?
   (Les interesa el fútbol.)
4. ¿Y a tu hermana?
   (Le interesa el cine.)
5. ¿Sabes lo que me interesa a mí?
   (No, ¿qué te interesa?)

1. la historia   3. el fútbol   5. no, qué

2. la geografía   4. el cine

Actividad B Listen and answer.

(STM, page 256)

You will hear eight questions. Use the verb *aburrir* or *interesar* to answer each question orally in the pause provided.

1. La historia, ¿te aburre o te interesa?
   (La historia me aburre [interesa].)
2. ¿Y el cine?
   (El cine me aburre [interesa].)
3. ¿Las novelas románticas?
   (Las novelas románticas me aburren [interesan].)
4. ¿Las ciencias?
   (Las ciencias me aburren [interesan].)
5. ¿Los viajes?
   (Los viajes me aburren [interesan].)
6. Y el teatro, ¿qué?
   (El teatro me aburre [interesa]).
7. ¿Los deportes?
   (Los deportes me aburren [interesan].)
8. ¿Y la televisión?
   (La televisión me aburre [interesa].)

Actividad C Listen and answer.

(STM, page 256)

You will hear six questions. Use the cues on your activity sheet to answer each question orally in the pause provided.

1. ¿A quién le gustan los deportes?
   (A mi amigo le gustan los deportes.)
2. ¿Te gusta el golf?
   (No, no me gusta el golf.)
3. ¿A quiénes les gusta el tenis?
   (A las muchachas les gusta el tenis.)
4. ¿A Fernando le gusta esquiar?
   (No, a Fernando le gusta patinar.)
5. ¿Qué te gusta más, el vólibol o el baloncesto?
   (Me gusta más el baloncesto.)
6. ¿Te gustan más las playas o las piscinas?
   (Me gustan más las piscinas.)

1. a mi amigo	3. a las muchachas	5. el baloncesto
2. no	4. no, patinar	6. las piscinas

Actividad D Listen and answer.

(STM, page 256)

You will hear eight questions. Use a verb from the list on your activity sheet to answer each question in the pause provided. Since there is more than one correct answer to each item, you will not hear any recorded responses.

1. ¿Qué tal las matemáticas?
2. ¿Te gusta nadar?
3. ¿Ir a los museos?
4. ¿Hacer el esquí acuático?
5. ¿Estudiar todo el día?
6. ¿La música clásica?
7. ¿Escribir cartas?
8. ¿Los deportes?

Actividad E Listen and answer.

(STM, page 256)

You will hear six questions. Use *no* and the appropriate negative word to answer each question orally in the pause provided.

1. ¿Hay alguien allí?
   (No, no hay nadie allí.)
2. ¿Siempre juegas al golf?
   (No, nunca juego al golf. / No, no juego nunca al golf.)
3. ¿Siempre estudias los domingos?
   (No, nunca estudio los domingos. / No, no estudio nunca los domingos.)
4. ¿Tienes algo en la mochila?
   (No, no tengo nada en la mochila.)
5. ¿Alguien va a jugar?
   (No, nadie va a jugar. / No, no va a jugar nadie.)
6. ¿Quieres algo?
   (No, no quiero nada.)

Actividad F Listen and answer.

(STM, page 256)

You will hear six statements. Agree with what the speaker says by responding with *también* or *tampoco* in the pauses provided.

1. Yo no trabajo.
   (Ni yo tampoco. / Yo tampoco.)
2. Yo estudio.
   (Yo también.)
3. Yo voy mucho a los museos.
   (Yo también.)
4. Yo nunca voy a las exposiciones de arte.
   (Ni yo tampoco. / Yo tampoco.)
5. Yo conozco a don Alonso.
   (Yo también.)
6. Yo no conozco a doña Flor.
   (Ni yo tampoco. / Yo tampoco.)

CONVERSACIÓN

 Actividad G Listen. (*Conversación*–Textbook, page 374)
(*STM, page 256*)

Listen to the conversation. Do not repeat.

DEPENDIENTE: Sí, señor.
CLIENTE: Quisiera una camisa, por favor.
DEPENDIENTE: Su talla, por favor.
CLIENTE: Cuarenta y dos.
DEPENDIENTE: ¿Qué color le gusta?
CLIENTE: Blanco.
DEPENDIENTE: De acuerdo. ¿Le gustan más las mangas largas o cortas?
CLIENTE: Largas, por favor.
DEPENDIENTE: ¿Qué tal le gusta esta camisa a rayas?
CLIENTE: Mucho. ¿Cuánto es?
DEPENDIENTE: Ocho mil pesos.
CLIENTE: Ocho mil. Me sorprende. No es muy cara.

Actividad H Listen and choose.
(*STM, page 256*)

You will hear nine statements about the conversation you just heard. If the statement is true, circle *sí* on your activity sheet. If the statement is not true, circle *no*.

1. La señora es la cliente.
2. El hombre quiere una camisa.
3. La señora quiere saber la talla del señor.
4. Su talla es cuarenta.
5. Al señor le gustan las mangas largas.
6. Al señor no le gusta la camisa a rayas.
7. La camisa cuesta ocho mil pesos.
8. El precio le sorprende a la dependiente.
9. La camisa es muy cara.

1. sí (no)   4. sí (no)   7. (sí) no
2. (sí) no   5. (sí) no   8. sí (no)
3. (sí) no   6. sí (no)   9. sí (no)

PRONUNCIACIÓN

 Actividad I Pronunciación: *Las consonantes* ñ *y* ch (*Pronunciación*–Textbook, page 375)
(*STM, page 256*)

> The *ñ* is a separate letter of the Spanish alphabet. The mark over it is called a *tilde*. Note that it is pronounced similarly to the *ny* in the English word *canyon*. Listen and repeat after the speaker.
>
> ñ
> señora   señor   pequeño   montaña
> año   otoño   España   cumpleaños
>
> Until 1994 the *ch* was considered a separate letter of the Spanish alphabet. It is pronounced much like the *ch* in the English word *church*. Listen and repeat after the speaker.
>
> ch
> chaqueta   estrecho   ancho
> chocolate muchacho   chileno
>
> El señor español sube las montañas cada año en el otoño.
> El muchacho chileno lleva una chaqueta ancha color chocolate.

SEGUNDA PARTE

Actividad A **Listen and choose.**
(*STM, page 257*)

> Listen to the announcement. Do not repeat.
>
> > Señores y señoras. Hoy tenemos una oferta especial. Hoy en la planta baja les ofrecemos un gran surtido de blusas de nilón. Las tenemos en todas las tallas— pequeñas, medianas y grandes. Y todas a precios muy bajos. Hoy, y solamente hoy, les ofrecemos estas blusas preciosas a sólo trescientos pesos.
>
> You will hear five statements about the announcement you just heard. If the statement is true, circle *sí* on your activity sheet. If the statement is not true, circle *no*.
>
> 1. Dan este anuncio en una tienda de música.
> 2. Ofrecen un precio especial para las blusas de nilón.
> 3. Pero solamente las tienen en tallas pequeñas.
> 4. Las blusas están en la planta baja de la tienda.
> 5. El precio especial es para toda la semana.
>
> 1. sí (no)   2. (sí) no   3. sí (no)   4. (sí) no   5. sí (no)

Actividad B   Listen and choose.

(*STM, page 257*)

You will hear nine statements describing an item. On your activity sheet choose the correct item being described and circle *a, b,* or *c.*

1. Voy a caminar mucho, así es que los prefiero con tacón bajo.
2. Ésa es bonita. Me gusta la manga corta para el verano.
3. Ésta le va a gustar mucho. Hace juego con la camisa.
4. Lo necesito para el pantalón.
5. Voy a comprar uno porque vamos al norte. Y allí hace mucho frío.
6. No quiero zapatos. Llevo éstos en el verano porque dejan mis pies al aire.
7. Necesito algo para la cabeza para protección contra el sol.
8. Tiene dos piezas, el pantalón y la chaqueta.
9. Quiero un par porque llevo zapatos de tacón alto. Nunca las llevo con sandalias.

1. a. una blusa   (b.) zapatos   c. pantalones
2. (a.) una camisa   b. un abrigo   c. un sombrero
3. a. sandalias   b. una falda   (c.) una corbata
4. (a.) un cinturón   b. un vestido   c. zapatos
5. a. una blusa   b. calcetines   (c.) un abrigo
6. a. tenis   b. medias   (c.) sandalias
7. a. un saco   b. un suéter   (c.) un sombrero
8. (a.) el traje   b. la camisa   c. el suéter
9. a. las camisetas   b. las sandalias   (c.) las medias

Actividad C   Listen and answer.

(*STM, page 257*)

You want to place a phone order for some clothes. First a jacket, then blue jeans, and last, shoes. Answer the clerk's questions in the pauses provided. Since there is more than one correct answer to each item, you will not hear any recorded responses.

¿Qué quiere Ud., por favor?
Una chaqueta. Muy bien. ¿Cuál es su talla?
Y, ¿qué color le gusta?
¿Le interesa más una chaqueta a rayas o a cuadros?
Muy bien. Ya tenemos su orden para la chaqueta. ¿Algo más?
Blue jeans. Como no. ¿Su talla, por favor?
¿Blue jeans de qué marca le interesan?
Bien. Ya tenemos la chaqueta y los blue jeans. ¿Alguna otra cosa?
Zapatos. ¿De qué número?
Y el color, ¿qué color le gusta?
¿Otra cosa?
¿No? Pues, muy bien. ¿Cómo prefiere Ud. pagar?

Actividad D Listen and answer.

(STM, page 258)

Look at the advertisement on your activity sheet. You are answering calls at Soriana. Answer the calls in the pauses provided based on the ad Soriana placed in the newspaper.

1. ¿Cuánto es el descuento para ropa interior?
   (30 por ciento)
2. ¿De qué marca es la ropa interior para caballeros?
   ("Teycon")
3. ¿Qué oferta hay para niñas?
   (30% de descuento en blusas y en pantaletas)
4. ¿De qué marcas son los pantalones para damas?
   ("Santory" y "Lody")
5. ¿Cuál es el precio de las camisas para niños?
   (14.95)
6. Me interesan unos pantalones de mezclilla. ¿Hay descuento hoy?
   (Sí, 30%)

CAPÍTULO 14

UN VIAJE EN TREN

PRIMERA PARTE

VOCABULARIO

Palabras 1

 Actividad A   Listen and repeat.   (*Vocabulario, Palabras 1*–Textbook, pages 386–387) (*STM, page 259*)

Listen and repeat after the speaker.

EN LA ESTACIÓN DEL FERROCARRIL

la estación del ferrocarril	la sala de espera
la ventanilla	el tablero de llegadas
la taquilla	el tablero de salidas
el quiosco	el horario
la mochila	el boleto
la maleta	el billete
el equipaje	el billete sencillo
el mozo	el billete de ida y vuelta
el maletero	

el tren
el vagón
el andén
la vía

La señora hizo un viaje.
Hizo el viaje en tren.
Tomó el tren (fue en tren) porque no quiso ir en carro.

El mozo vino con el equipaje.
Otro mozo puso el equipaje en el tren.

El tren salió del andén número tres.
Los pasajeros estuvieron en el andén.

Actividad B Listen and choose.

(STM, page 259)

Look at the illustrations on your activity sheet. You will hear nine sentences, each describing one of the illustrations. Write the number of the sentence below the corresponding illustration.

1. Es el quiosco donde venden periódicos.
2. Está en la sala de espera.
3. Allí está el tren.
4. El maletero está trabajando.
5. Voy a la taquilla.
6. Yo tengo un billete de ida y vuelta.
7. Puedo ver el tablero de salidas.
8. Yo no tengo un horario.
9. ¿Cuál es nuestro andén?

Actividad C Listen and choose.

(STM, page 260)

Look at the illustration on your activity sheet. You will hear six statements about it. If the statement describes the illustration, circle *sí* on your activity sheet. If the statement does not describe the illustration, circle *no*.

1. El maletero hizo un viaje.
2. La señora hizo un viaje.
3. Ella hizo un viaje en tren.
4. Ella fue en carro porque no quiso ir en tren.
5. La señora puso todo el equipaje en el tren.
6. El tren sale de la sala de espera número tres.

1. sí (no)   3. (sí) no   5. sí (no)
2. (sí) no   4. sí (no)   6. sí (no)

Actividad D Listen and choose.

(STM, page 260)

You will hear several questions, each followed by three possible answers. Choose the correct answer and circle *a, b,* or *c* on your activity sheet.

1. ¿Dónde puedes comprar un billete de tren?
   a. En la taquilla.
   b. En el quiosco.
   c. En el andén.

2. Si no vas a volver o regresar, ¿qué tipo de billete compras?
   a. Un billete de ida y vuelta.
   b. Un billete de coche-comedor.
   c. Un billete sencillo.

3. En la estación, ¿dónde puedes comprar un periódico?
   a. En la ventanilla.
   b. En la taquilla.
   c. En el quiosco.

4. ¿Qué se consulta para saber cuándo llegan y salen los trenes?
   a. El andén.
   b. El horario.
   c. El boleto.

5. ¿Dónde subo al tren?
   a. En la sala de espera.
   b. En la taquilla.
   c. En el andén.

6. ¿Quién les ayuda a los pasajeros con su equipaje?
   a. El tablero.
   b. El maletero.
   c. El viajero.

7. ¿Qué son las maletas y mochilas?
   a. Tableros.
   b. Vías.
   c. Equipaje.

8. ¿Por dónde andan los trenes?
   a. Por las ventanillas.
   b. Por los andenes.
   c. Por las vías.

9. ¿Dónde hay asientos para las personas que esperan el tren?
   a. En la sala de espera.
   b. En el quiosco.
   c. En la taquilla.

1. **(a)** b c
2. a b **(c)**
3. a b **(c)**
4. a **(b)** c
5. a b **(c)**
6. a **(b)** c
7. a b **(c)**
8. a b **(c)**
9. **(a)** b c

Palabras 2

 Actividad E Listen and repeat.   (*Vocabulario, Palabras 2*–Textbook, pages 390–391)
(*STM, page 260*)

    Listen and repeat after the speaker.
        EN EL TREN
        el vagón
        el pasillo
        el compartimiento
        el revisor
        el coche-cama
        la litera
        el coche-comedor

        el asiento
        ocupado
        libre
        reservado

        bajar del tren
        subir al tren
        transbordar

        Los pasajeros subieron al tren.
        El tren salió a tiempo.
        No salió tarde.
        No salió con retraso.
        No salió con una demora.

        Los pasajeros van a transbordar en la próxima estación,
            la próxima parada.

Actividad F   Listen and choose.

(STM, page 260)

Look at the illustrations on your activity sheet. You will hear six sentences, each describing one of the illustrations. Write the number of the sentence below the corresponding illustration.

1. Éste es nuestro vagón.
2. Nuestros asientos están a este lado del pasillo.
3. Ésa es tu litera.
4. Vamos a comer. Vamos al coche-comedor.
5. ¡Mira! Hay un asiento libre.
6. Sí, pero está reservado.

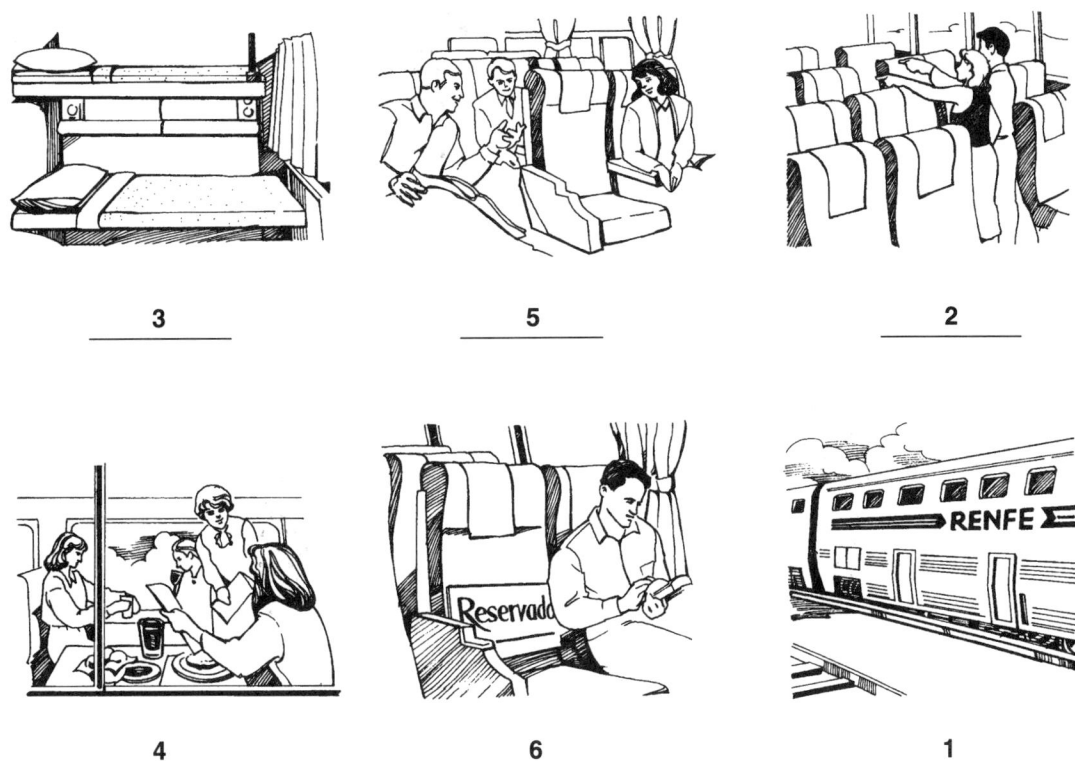

Actividad G   Listen and choose.

(STM, page 261)

You will hear nine statements. If the statement makes sense, circle *sí* on your activity sheet. If the statement does not make sense, circle *no.*

1. Cuando uno tiene hambre en el tren, puede ir al coche-comedor.
2. Y para dormir, hay pasillos.
3. En el tren yo duermo en una litera.
4. El revisor trabaja en la taquilla.
5. Los pasajeros suben al tren cuando llegan a su destino.
6. Los pasajeros están en el andén esperando subir al tren.
7. Los vagones son los coches del tren.
8. Para ir al pueblo tenemos que transbordar en la próxima estación.
9. Este tren sale a tiempo con una demora de seis horas.

1. (sí) no   4. sí (no)   7. (sí) no
2. sí (no)   5. sí (no)   8. (sí) no
3. (sí) no   6. (sí) no   9. sí (no)

ESTRUCTURA

Actividad A   Listen and choose.

(STM, page 261)

You will hear several questions, each followed by three possible answers. Choose the correct answer and circle *a, b,* or *c* on your activity sheet.

1. Ellas quisieron venir en avión, ¿no?
    a. Sí, quisieron venir en avión.
    b. Sí, quisimos venir en avión.
    c. Sí, quiso venir en avión.
2. Y, ¿qué hicieron Uds. en el tren?
    a. No hicimos nada.
    b. No hicieron nada.
    c. No hizo nada.
3. Uds. quisieron venir en carro, ¿no?
    a. Sí, quiso venir en carro.
    b. Sí, quisimos venir en carro.
    c. Sí, quisieron venir en carro.
4. ¿Cómo vino Abelardo?
    a. Vine en avión.
    b. Vino en avión.
    c. Viniste en avión.
5. ¿Cómo hicieron el viaje ellas?
    a. Lo hicieron en autobús.
    b. Lo hizo en autobús.
    c. Lo hicimos en autobús.
6. ¿Cómo viniste?
    a. Vino en tren.
    b. Viniste en tren.
    c. Vine en tren.

1. (a) b c   4. a (b) c
2. (a) b c   5. (a) b c
3. a (b) c   6. a b (c)

Actividad B   Listen and answer.

(STM, page 261)

You will hear seven questions. Use the cues on your activity sheet to answer each question orally in the pause provided.

1. ¿A qué hora viniste?
 (Vine a las siete.)
2. ¿A qué hora quisiste venir?
 (Quise venir a las cinco.)
3. ¿Cómo viniste?
 (Vine en tren.)
4. ¿Hiciste el viaje en el expreso o en el rápido?
 (Hice el viaje en el rápido.)
5. ¿Quién más vino en el tren?
 (Emilio vino en el tren.)
6. ¿En qué clase hizo Emilio el viaje?
 (Hizo el viaje en segunda.)
7. ¿Él no quiso viajar en primera?
 (Sí, quiso viajar en primera.)

1. a las siete   5. Emilio
2. a las cinco   6. en segunda
3. en tren   7. sí
4. el rápido

Actividad C   Listen and choose.

(STM, page 261)

You will hear several questions, each followed by three possible answers. Choose the correct answer and circle *a*, *b*, or *c* on your activity sheet.

1. ¿Por dónde anduvieron Uds.?
 a. Anduvimos por el parque.
 b. Anduvieron por el parque.
 c. Anduvo por el parque.
2. ¿Cuánto tiempo estuvieron Uds. allí?
 a. Estuvimos una hora.
 b. Estuvieron una hora.
 c. Estuvo una hora.
3. Y tú, ¿tuviste que ir a pie?
 a. Sí, tuve que ir a pie.
 b. Sí, tuviste que ir a pie.
 c. Sí, tuvo que ir a pie.
4. ¿Pudo ir con Uds. Carlos?
 a. No, no pude.
 b. No, no pudiste.
 c. No, no pudo.
5. ¿Qué pusiste en la mochila?
 a. Puso unos refrescos.
 b. Pusiste unos refrescos.
 c. Puse unos refrescos.
6. ¿Supieron Uds. lo que pasó ayer?
 a. No, no supieron nada.
 b. No, no supimos nada.
 c. No, no supo nada.

1. (a) b   c   3. (a) b   c   5. a   b (c)
2. (a) b   c   4. a   b (c)   6. a (b) c

CONVERSACIÓN

 Actividad D Listen. (*Conversación*–Textbook, page 398)
(*STM, page 261*)

Listen to the conversation. Do not repeat.

PASAJERA: Un billete para Madrid, por favor.
AGENTE: ¿Sencillo o de ida y vuelta?
PASAJERA: Sencillo, por favor.
AGENTE: ¿Para cuándo, señorita?
PASAJERA: Para hoy.
AGENTE: ¿En qué clase, primera o segunda?
PASAJERA: En segunda. ¿Tiene Ud. una tarifa reducida para estudiantes?
AGENTE: Sí. ¿Tiene Ud. su tarjeta de identidad estudiantil?
PASAJERA: Sí, aquí la tiene Ud.
AGENTE: Con el descuento son tres mil pesetas.
PASAJERA: ¿A qué hora sale el próximo tren?
AGENTE: Sale a las veinte y diez del andén número ocho.
PASAJERA: Gracias.

Actividad E Listen and choose.
(*STM, page 261*)

You will hear several statements about the conversation you just heard. If the statement is true, circle *sí* on your activity sheet. If the statement is not true, circle *no*.

1. La señorita está en la ventanilla de la estación.
2. Ella va a Tarifa.
3. Quiere un billete de ida y vuelta.
4. Quiere hacer el viaje hoy.
5. Ella va a viajar en primera clase.
6. Hay un precio reducido para estudiantes.
7. El agente quiere ver la tarjeta de identidad de la señorita.
8. Sin el descuento son tres mil pesetas.
9. El tren sale del andén número diez.
10. El tren sale a las veinte y diez.

1. (sí) no   6. (sí) no
2. sí (no)   7. (sí) no
3. sí (no)   8. sí (no)
4. (sí) no   9. sí (no)
5. sí (no)   10. (sí) no

PRONUNCIACIÓN

 Actividad F Pronunciación: *La consonante* x (*Pronunciación*–Textbook, page 399)
(STM, page 262)

An *x* between two vowels is pronounced much like the English *x* but a bit softer. Listen and repeat after the speaker.

exacto	conexión	éxito
examen	flexible	próximo

When *x* is followed by a consonant, it is often pronounced like an *s*. Listen and repeat after the speaker.

extranjero	explicar	exclamar
Extremadura	extraordinario	excusar

El extranjero tomó el examen en Extremadura.

SEGUNDA PARTE

Actividad A Listen and write.
(STM, page 262)

You will hear several announcements at a railroad station. As you listen to each announcement, write the time, destination, and track number of each train in the spaces provided on your activity sheet.

1. Señores pasajeros, su atención, por favor. RENFE anuncia la salida del Talgo con destino a París a las 22 horas del andén número 8. Talgo a París. Andén 8. Señores, ¡al tren!
2. Trenes de cercanías. La próxima salida para Somosierra es a las 8:30 del andén número 3.
3. El exprés para Granada va a salir a las 20 horas. Todos los pasajeros deben dirigirse al andén número 14. Todos a bordo, por favor.
4. Anunciamos una demora en el rápido para Sevilla. Este tren va a salir del andén número 18 a las 4:40.
5. El tren especial con solamente primera clase sale para Barcelona a las 12:10 del andén número 3. Pasajeros, favor de tener sus billetes en la mano.

	hora	destino	andén
1.	22 horas	París	8
2.	8:30	Somosierra	3
3.	20 horas	Granada	14
4.	4:40	Sevilla	18
5.	12:10	Barcelona	3

Actividad B Listen and answer.

(*STM, page 262*)

Look at the train ticket on your activity sheet as you listen to some questions. In the pause provided, answer each question with a word or two according to the ticket.

1. ¿Cuál es el número del tren?
   (200)
2. ¿Cuál es el precio del billete?
   (1.200 ptas.)
3. ¿En qué clase viaja el pasajero?
   (Segunda)
4. ¿A qué ciudad va el tren?
   (A Madrid)
5. Y, ¿a qué estación?
   (A Chamartín)
6. ¿Cuál es la fecha del viaje?
   (21 octubre 1994)
7. ¿Qué número tiene el billete?
   (Número 6588)
8. ¿Cuándo no es válido el billete?
   (Sin impresión de máquina)
9. ¿Cuándo tiene que entregar el billete el pasajero?
   (A la llegada)

Actividad C Listen and write.

(STM, page 263)

Look at the questions on your activity sheet as you listen to a conversation. Do not repeat.

—¡Oye, Gerardo! Déjame ver tu boleto.
—Aquí lo tienes.
—Pero, Gerardo, tienes un boleto sencillo. ¿Por qué no te compraste un boleto de ida y vuelta? Vas a volver aquí, ¿no?
—Claro que voy a volver, pero no mañana. Voy a volver en quince días.
—No importa. Tienes que pagar más por dos boletos sencillos. Escúchame. Un boleto de ida y vuelta te cuesta trescientos pesos. Cada boleto sencillo te cuesta doscientos pesos. Ahora, dime. ¿Cuál resulta más caro?

Now listen to the conversation again and answer the questions on your activity sheet with one or two words.

1. Where is this conversation probably taking place?
   in a train station

2. What kind of ticket does Gerardo have?
   a one-way ticket

3. When does Gerardo plan to return?
   in fifteen days

4. How much is a one-way ticket?
   200 pesos

5. How much is a round-trip ticket?
   300 pesos

6. What is the young woman suggesting?
   that it's more economical to buy a round-trip ticket

CAPÍTULO 15

EN EL RESTAURANTE

PRIMERA PARTE

VOCABULARIO

Palabras 1

 Actividad A Listen and repeat. (*Vocabulario, Palabras 1–Textbook, pages 410–411*) (*STM, page 264*)

Listen and repeat after the speaker.

EL RESTAURANTE
el mesero
el menú
el cocinero
la mesa
la cuenta
la propina
la tarjeta de crédito

Tengo hambre. Quiero comer.
Tengo sed. Voy a beber algo.

la pimienta   el tenedor
la sal   el cuchillo
el vaso   la cuchara
la taza   la cucharita
el platillo   el plato
la servilleta
el mantel

pedir
La señorita pide el menú.

freír
El cocinero fríe las papas.
El cocinero está friendo las papas.

servir
El mesero le sirve la comida.

Actividad B   Listen and choose.

(STM, page 264)

Look at the illustration on your activity sheet. You will hear nine statements about it. If the statement describes the illustration, circle *sí* on your activity sheet. If the statement does not describe the illustration, circle *no*.

1. Están en un restaurante.
2. No hay mantel en la mesa.
3. Allí está el cocinero.
4. El mesero le da el menú.
5. La señorita mira la cuenta.
6. Los señores piden pollo
7. La señorita paga con una tarjeta de crédito.
8. El cocinero está friendo las papas.
9. La mesera le sirve la comida.

1. (sí)   no
2. (sí)   no
3. sí   (no)
4. (sí)   no
5. sí   (no)
6. sí   (no)
7. sí   (no)
8. sí   (no)
9. sí   (no)

Actividad C Listen and choose.

(STM, page 264)

You will hear several questions or statements, each followed by three responses. Choose the correct answer or rejoinder and circle *a, b,* or *c* on your activity sheet.

1. Mesero, ¿qué sirven Uds. hoy?
    a. Aquí tiene un menú, señora.
    b. Aquí tiene la cuenta, señora.
    c. Aquí tiene una cuchara, señora.

2. ¿Hay una mesa libre?
    a. Sí, sí. En la pimienta.
    b. Sí, sí. En la cocina.
    c. Sí, sí. En el otro comedor.

3. ¿Quién prepara las comidas?
    a. Un cocinero nuevo.
    b. Un mesero nuevo.
    c. Un cliente nuevo.

4. No tengo con qué cortar la carne.
    a. Perdón, le traigo una cuchara.
    b. Perdón, le traigo una servilleta.
    c. Perdón, le traigo un cuchillo.

5. Ya terminamos. Y tenemos prisa.
    a. En seguida le traigo la cuenta.
    b. Le traigo un menú ahora mismo.
    c. Tenemos otra mesa muy bonita.

6. ¿Puedo pagar con cheque personal?
    a. No, pero aceptamos propinas.
    b. No, pero aceptamos boletos.
    c. No, pero aceptamos tarjetas de crédito.

7. ¿Cuánta propina le vamos a dar?
    a. Seis vasos.
    b. Ocho pisos.
    c. Diez pesos.

1. (a) b   c   5. (a) b   c
2. a   b (c)   6. a   b (c)
3. (a) b   c   7. a   b (c)
4. a   b (c)

Actividad D Listen and choose.

(STM, page 265)

Look at the illustrations on your activity sheet. You will hear six questions or statements, each asking for or describing something you need. Write the number of the question or statement below the corresponding illustration.

1. ¿Cómo voy a tomar la limonada?
2. Y yo, ¿cómo voy a comer el helado?
3. No sé cómo voy a cortar el pan.
4. Y, ¿en qué van a servir el café?
5. ¿Qué van a poner debajo de la taza?
6. Y, ¿cómo me voy a limpiar la boca?

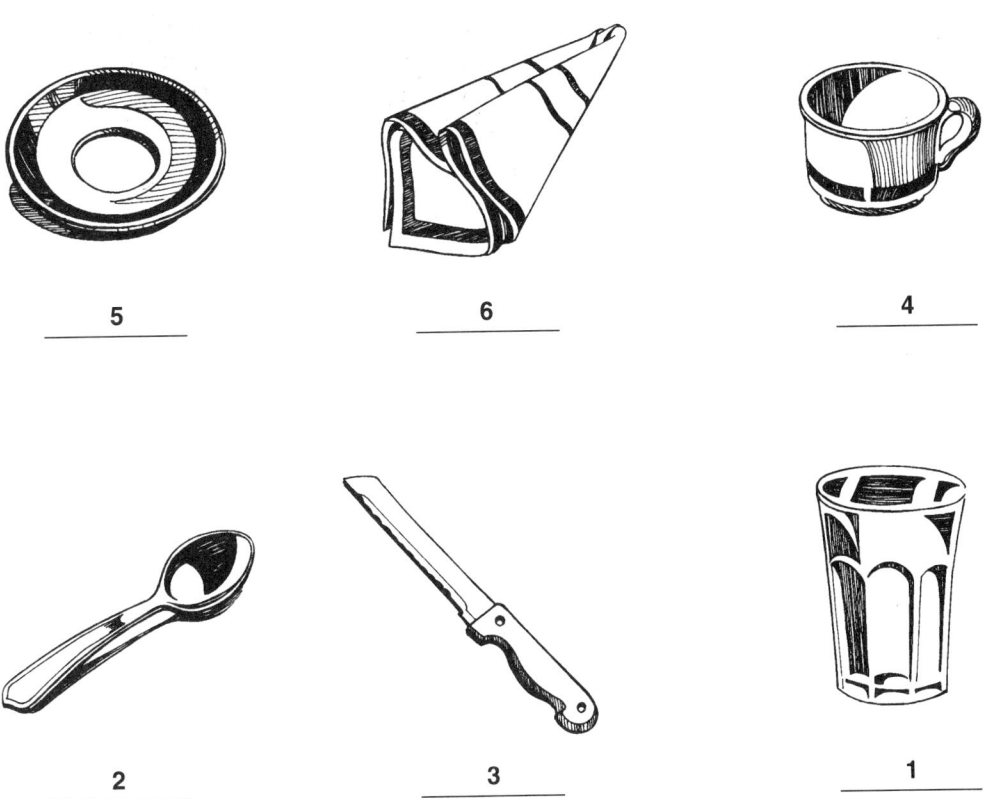

Palabras 2

 Actividad E **Listen and repeat.** (*Vocabulario, Palabras 2*–Textbook, pages 414–415)
(*STM, page 265*)

Listen and repeat after the speaker.

LAS COMIDAS
la carne
el pollo
el pescado
los mariscos
las legumbres
los vegetales
las verduras
las frutas
la tortilla
el pan
el jamón
el huevo
el aceite
el queso
la papa
el arroz
los frijoles
las habichuelas
la lechuga

¿Cómo le gusta el biftec?
   casi crudo
   a término medio
   bien hecho
   bien cocido

María pidió un biftec.
El mesero le sirvió el biftec.
Él le sirvió el biftec como lo pidió.
La comida está deliciosa, muy rica.
No está mala.

Actividad F Listen and choose.

(STM, page 265)

Look at the illustrations on your activity sheet. You will hear six questions or statements, each asking for or describing a food. Write the number of the question or statement below the corresponding illustration.

1. Tengo hambre. Lo que más quiero es pescado.
2. Yo también tengo hambre. Pero, para mí, la carne.
3. ¿Qué vegetales sirven aquí?
4. No sé. Allí hay alguien con una ensalada de lechuga.
5. Pues, a ver si nos traen pan antes de pedir.
6. Mira. Esta fruta es preciosa, ¿no crees?

Actividad G   Listen and answer.

(STM, page 266)

You will hear nine questions. Use the illustrations on your activity sheet to answer the server's questions orally in the pauses provided.

1. ¿Qué le pongo de plato principal?
   (Pescado, por favor.)
2. ¿Qué le gusta con el pescado?
   (Una ensalada.)
3. ¿Algo más con el pescado?
   (Sí, unas papas.)
4. La ensalada viene con la comida. ¿Qué quiere Ud. en la ensalada?
   (Sal, pimienta y aceite, por favor.)
5. ¿Necesita alguna otra cosa?
   (Sí, una servilleta y un tenedor, por favor.)
6. Para el postre, ¿qué le sirvo?
   (Fruta.)
7. ¿Algo para tomar?
   (Un vaso de agua, por favor.)
8. ¿Ya terminó? ¿Qué le traigo ahora?
   (La cuenta.)
9. ¿Cómo va a pagar?
   (Con tarjeta de crédito.)

1.
2.
3.
4.
5.
6.
7.
8.
9.

ESTRUCTURA

Actividad A Listen and choose.

(STM, page 266)

You will hear several questions, each followed by three possible answers. Choose the correct answer and circle *a, b,* or *c* on your activity sheet.

1. ¿A quiénes sirven los meseros?
   a. Sirve a los clientes.
   b. Sirven a los clientes.
   c. Sirves a los clientes.

2. ¿Qué les sirven Uds. a los amigos?
   a. Les servimos refrescos.
   b. Les sirven refrescos.
   c. Les sirve refrescos.

3. ¿Qué sirve la mesera?
   a. Sirve el postre.
   b. Sirvo el postre.
   c. Sirves el postre.

4. ¿Qué piden Uds.?
   a. Pedimos el menú.
   b. Pido el menú.
   c. Piden el menú.

5. ¿Pides la cuenta?
   a. Sí, pides la cuenta.
   b. Sí, pide la cuenta.
   c. Sí, pido la cuenta.

6. ¿Qué pide el cliente?
   a. Pides el menú.
   b. Pido el menú.
   c. Pide el menú.

7. ¿Qué fríe el cocinero?
   a. Freímos las papas.
   b. Fríes las papas.
   c. Fríe las papas.

8. ¿Qué fríes?
   a. Frío la carne.
   b. Fríes la carne.
   c. Fríe la carne.

9. ¿Por cuánto tiempo la frío?
   a. La fríen cinco minutos.
   b. La fríes cinco minutos.
   c. La frío cinco minutos.

1. a (b) c   4. (a) b c   7. a b (c)
2. (a) b c   5. a b (c)   8. (a) b c
3. (a) b c   6. a b (c)   9. a (b) c

Actividad B Listen and answer.

(STM, page 267)

You will hear nine questions. Use the illustrations on your activity sheet to answer the questions orally in the pauses provided.

1. ¿Qué pidió Ignacio?
   (Él pidió pollo.)
2. Y tú, ¿qué pediste?
   (Pedí pescado.)
3. ¿Qué más pediste?
   (También pedí ensalada.)
4. ¿Qué pidieron los muchachos?
   (Ellos pidieron jamón.)

5. ¿Qué pedí yo?
   (Tú pediste arroz.)
6. Pero, ¿qué prefirieron Uds.?
   (Preferimos la carne.)
7. Y tus padres, ¿qué prefirieron?
   (Ellos prefirieron los mariscos.)
8. Yo preferí algo, ¿qué?
   (Tú preferiste la tortilla.)
9. ¿Qué sugirió el mesero?
   (Él sugirió las frutas.)

CONVERSACIÓN

 Actividad C   Listen.   (*Conversación*–Textbook, page 422)
(*STM, page 267*)

Listen to the conversation. Do not repeat.

RAQUEL: El menú, por favor.
MESERO: ¡Cómo no! ¡En seguida!
RAQUEL: Gracias.
MESERO: Esta noche le recomiendo el biftec. Está muy bueno.
RAQUEL: De acuerdo, el biftec, por favor.
MESERO: ¿Y cómo le sirvo el biftec? ¿Cómo le gusta?
RAQUEL: A término medio, por favor.
(*Después de la comida*)
RAQUEL: La cuenta, por favor.
MESERO: En seguida, señorita.
RAQUEL: ¿Está incluido el servicio?
MESERO: Sí, está incluido.

Actividad D   Listen and choose.
(*STM, page 267*)

You will hear several statements about the conversation you just heard. If the statement is true, circle *sí* on your activity sheet. If the statement is not true, circle *no*.

1. La señorita pide el menú.
2. El mesero le recomienda el pescado.
3. Ella pide el biftec.
4. A la señorita le gusta el biftec casi crudo.
5. La señorita le pide la cuenta.
6. Ella le pregunta si la propina está incluida.
7. La propina no está incluida.
8. El servicio está incluido.

1. (sí)   no   3. (sí)   no   5. (sí)   no   7. (sí)   no
2. sí   (no)   4. sí   (no)   6. sí   (no)   8. (sí)   no

PRONUNCIACIÓN

 Actividad E   Pronunciación: *La acentuación*   (*Pronunciación*–Textbook, page 423)
(*STM, page 268*)

The rules of stress or accentuation in Spanish are simple. Words ending in a vowel, *n*, or *s* are accented on the next-to-last syllable. Listen and repeat after the speaker.

señorita   Carmen   preparas

Words ending in a consonant (except *n* or *s*) are accented on the last syllable. Listen and repeat after the speaker.

señor   calor   Madrid   universidad

Words that do not follow the above rules must have a written accent mark over the stressed syllable. Listen and repeat after the speaker.

    árbol   López   capitán

A word of one syllable (monosyllabic) does not take an accent unless the same word can have two different meanings. The written accent mark distinguishes between words that are spelled alike but have different meanings. Listen and repeat after the speaker.

tú	*you*	sí	*yes*	él	*he*
tu	*your*	si	*if*	el	*the*

SEGUNDA PARTE

Actividad A Listen and choose.
(*STM, page 268*)

Look at the questions and answers on your activity sheet as you listen to a radio announcement. Do not repeat.

> Les invitamos a todos Uds. a visitar el restaurante Sol donde se sirven las mejores comidas hispanas de toda la ciudad. Cada día les ofrecemos una especialidad distinta—una especialidad de otro país hispano. Lunes, enchiladas de México; martes, paella valenciana; miércoles, masitas de cerdo a la cubana. Les invitamos a todos Uds. y a todos los suyos a pasar una noche placentera con nosotros—en el restaurante Sol—en la calle Broadway número 12—en el mismo centro de la ciudad. Para reservaciones llamen al 221-33-80.

Now listen to the announcement again. As you listen, choose the correct answer to each question and circle *a*, *b*, or *c* on your activity sheet.

1. ¿De qué trata el anuncio?

    a. del sol   b. de un viaje   **(c.)** de un restaurante

2. ¿Dónde está el Sol?

    a. en Cuba   **(b.)** en el centro de la ciudad   c. en todos los países hispanos

3. ¿Qué tipo de comida sirven?

    (a.) solamente comida hispana   b. solamente comida cubana

    c. solamente comida mexicana

4. ¿Cuál es la especialidad los martes?

    a. masitas de cerdo a la cubana   **(b.)** paella valenciana

    c. enchiladas de México

5. ¿Qué se puede hacer por teléfono?

    (a.) reservaciones   b. paella   c. pagar

Actividad B Look, listen, and write.

(STM, page 269)

Look at the magazine review of several restaurants in Bogotá on your activity sheet. You will hear several descriptions of restaurants given by a food critic. As you listen to each description, write the name of the restaurant being described in the space provided on your activity sheet.

Aquí en Bogotá tenemos restaurantes para todos los gustos. A veces nos olvidamos de los exquisitos restaurantes de hotel. ¡Y qué ciudad tiene mejores hoteles que Santafé de Bogotá.

1. Este restaurante está en un patio de ladrillos. El ambiente es tropical y también es muy elegante. Está en el hotel La Fontana.
2. Fíjense, un restaurante dentro de una biblioteca. Parece increíble, pero no lo es. Este restaurante ofrece festivales gastronómicos todos los años. Es un excelente lugar para un desayuno de trabajo.
3. Para aquellas personas a quienes les encanta la comida italiana, este restaurante ofrece excelente comida italiana y los sonidos de un pianista y de una cascada.
4. Para los que prefieren un ambiente informal, este restaurante nunca cierra. Allí ofrecen desayuno, almuerzo y cena criolla e internacional.

1. __**Los Arcos**_____
2. __**La Biblioteca**_____
3. __**La Cascada**_____
4. __**El Virrey**_____

GUÍA GASTRONÓMICA

Salón Monserrate
Hotel Tequendama

Al almuerzo, variado buffet ejecutivo diferente cada día de la semana. Para cenar, una rica carta de platos internacionales, estupendo servicio de bar, alegría con la orquesta de plata y permanentes shows.

Los Arcos
Hotel La Fontana

Sobre el apacible patio de ladrillos y geranios del hotel La Fontana en un ambiente tropical y elegante, funciona el restaurante Los Arcos. Allí se está dando gran impulso a la "Nueva Cocina Colombiana". Se han inventado platos exquisitos logrando finas y novedosas combinaciones con productos autóctonos
Lunes a Domingo, 7p.m. - 12p.m.

La Biblioteca
Hotel Charleston

El restaurante la Biblioteca en el lobby del hotel Charleston es uno de los más exclusivos y concurridos de Bogotá, sitio ideal para comida en calma, rodeada de lucidez y sabiduría, o para un agradable desayuno de trabajo.
A través de festivales gastronómicos anuales se ha ido formando una carta especializada y exquisita.
Lunes a Domingo, 6a.m. - 12 m.

El Virrey

Siempre informal, mantiene sus puertas abiertas todo el día para desayunar, almorzar, tomar el té y cenar a la manera criolla o internacional.

LaCascada

Paraíso de la cocina italiana en un cálido ambiente amenizado por un pianista y el relajante sonido de la cascada.

Actividad C Look, listen, and answer.

(STM, page 270)

Your part-time job during your exchange year in Madrid is to help out at the tourist service. You will hear several inquiries about these restaurants. Use the list of restaurants on your activity sheet to answer each caller with a word or two in the pause provided.

1. En *A'Asquiniña,* ¿cuáles son sus especialidades?
   (Mariscos y pescados)
2. Me interesa el restaurante *Alkalde.* ¿Es muy caro? ¿Qué precios tiene?
   (Precio medio, de 2.000 a 3.000 pesetas)
3. Dígame, por favor, *Al Mounia.* ¿Cuál es la dirección del restaurante? ¿Qué días cierran?
   (Recoletos, 5. Cierran domingo y lunes)
4. ¿Sabe Ud. si en *Aljaba* puedo pagar con tarjeta de crédito?
   (Sí)
5. En la *Abadesa,* ¿son necesarias las reservas?
   (Sí)
6. El restaurante *El Amparo,* ¿qué tipo de cocina es? ¿Tiene estrellas de Michelín? ¿Qué precios tiene?
   (Cocina vasco-francesa. Dos estrellas Michelín. Precio medio superior a 4.000 pesetas)
7. Vamos a estar en Madrid en agosto. ¿Podemos comer en el restaurante *Amaya?*
   (No)
8. ¿Dónde está el restaurante *Aldar.* ¿Cuál es su número de teléfono, por favor?
   (Alberto Alcocer, 27. Teléfono: 259 68 75)

RESTAURANTES

COMO MANEJAR EL LISTADO

- El horario al público de los restaurantes es en la mayoría de los casos de 12,30 a 16 horas y de 20 a 24 horas. En caso contrario se especificará el horario oportunamente.
- Para realizar el listado por orden alfabético se han desechado los artículos.
- El precio medio es indicativo y facilitado por el propio restaurante.
- Cuando no se especifica algún día de cierre significa que el restaurante permanece abierto todos los días de la semana.

A

☐ **A'ASQUIÑINA.**
Modesto Lafuente, 88. Cocina gallega. Especialidad en mariscos y pescados. Domingo noche, cerrado. Admite tarjetas. Precio medio, de 2.000 a 3.000 pesetas.

☐ **A RODA DE XAN.**
Doctor Esquerdo, 70. Tel. 274 18 22. Cocina gallega. Especialidad en mariscos y pulpo. Admite tarjetas. Precio medio, de 3.000 a 4.000 pesetas.

☐ **¡A TODO MEXICO!**
San Bernardino, 4. Tel. 541 93 59. Plaza República del Ecuador, 4. Tel. 259 48 33. San Leonardo, 3. Tel. 247 54 39. Cocina mexicana. Especialidad en tamales, mole poblado y carnitas. Admite tarjetas. Precio medio, de 1.000 a 2.000 pesetas.

☐  **La abadesa**
Huertas, 43 Tel. 429 80 63. Especialidad en carnes rojas a la parrilla de carbón y merluza. Cerrado sábados a mediodía y domingos. Precio medio, de 3.000 a 4.000 pesetas. Reservas.

☐ **ABACO.**
Jovellanos, 6 (junto al teatro de la Zarzuela). Tel. 429 78 68. Abierto de 11 de la mañana a 1 de la madrugada. Viernes y sábados, hasta las 3 de la madrugada. Coctelería internacional.

☐ **LA ABUELITA**
Avenida de Badajoz, 25 (Arturo Soria). Tel. 405 49 94. Especialidad en hojaldre de cabrales, bacalao mujelina de ajos y puding especial de chocolate. Domingos y agosto, cerrado. Admite tarjetas. Precio medio de 3.000 pesetas.

☐ **ACTOR'S.**
Basílica, 17. Tel. 455 91 65. América interpreta el sabor italiano. Especialidad en pizzas, pasta y ensaladas.

☐ **ADRISH.**
Plaza Conde Toreno, 2 (detrás de la plaza de España). Cocina hindú. Lunes, cerrado. Admite tarjetas. Precio medio, de 1.500 a 2.000 pesetas.

☐ **AIRIÑOS DO MAR.**
Orense, 39. Tel. 456 00 52. Marisquería. Especialidad en mariscos y pescados. Domingos, cerrado. Admite tarjetas.

☐ **ALDABA.**
Alberto Alcocer, 5. Tel. 457 21 93. Cocina vasco-francesa. Especialidad en merluza bermeana. Sábados mediodía y domingos, cerrado. Admite tarjetas. Precio medio, de 3.000 a 4.000 pesetas.

☐ **ALDAR.**
Alberto Alcocer, 27. Tel. 259 68 75. Cocina marroquí. Especialidad en cuscús. Domingos tarde, cerrado. Admite tarjetas. Precio medio, de 3.000 a 3.500 pesetas.

☐ **ALJABA.**
Padre Damián, 38. Tel. 457 36 42-250 52 14. Especialidades: pimientos del piquillo rellenos, pescados a la sal, lenguado relleno de salmón y carnes y pescados a la brasa. Admite tarjetas. Precio medio, 3.000 pesetas.

☐ **ALKALA.**
Valenzuela, 9. Tel. 532 45 09. Cocina internacional. Sábados mediodía y domingos, cerrado. Admite tarjetas. Precio medio, de 2.000 a 3.000 pesetas.

☐ **ALKALDE.**
Jorge Juan, 10. Tel. 276 33 59. Cocina vasca. Especialidad en zarcarrón. Admite tarjetas. Precio medio, de 2.000 a 3.000 pesetas.

☐ **AL-MOUNIA.**
Recoletos, 5. Tel. 275 01 73. Cocina árabe. Especialidades en tallín, pinchos morunos y cordero asado. Domingo y lunes, cerrado. Admite tarjetas. Precio medio, de 4.000 a 5.000 pesetas.

☐ **EL ALUBION.**
Urbanización Cuesta Blanca, carretera de Burgos, km. 8,500. Tel. 653 08 78. Cocina casera. Especialidad en alubia roja y merluza a los puerros. Domingos noche, cerrado. Admite tarjetas. Precio medio, de 2.500 a 3.000 pesetas.

☐ **AMALUR.**
Padre Damián, 37. Tel. 457 62 98. Cocina vasca. Especialidad en lubina en salsa de langosta, merluza frita con pimientos y solomillo. D. Pedro. Sábados mediodía y domingos, cerrado. Cenas ambientadas con piano. Admite tarjetas. Precio medio, de 3.500 a 4.500 pesetas.

☐ **AMARILLO OLIVAR.**
Olivar, 22. Tel. 228 15 11. Cocina de ayer, hoy y siempre. Especialidades en morteruelo, hojaldre de puerros y alburuna. Precio medio, de 1.000 a 1.500 pesetas. Sábados y domingos mediodía, menú a 750 pesetas.

☐ **AMAYA.**
General Martínez Campos, 11. Tel. 448 69 18. Cocina casera. Especialidad en sopas de ajo. Abierto hasta la 1,30 de la madrugada. Agosto, cerrado. Precio medio, 1.000 pesetas.

☐ **EL AMPARO.**
Callejón de Puigcerdá, 8. Tel. 431 64 56. Cocina vasco-francesa. Especialidad en hojaldre de mollejas. Sábados mediodía, domingos, festivos y puentes cerrado. Admite tarjetas. Precio medio, superior a 4.000 pesetas. Dos estrellas Michelín.

☐ **AMPOR.**
Pico de Almanzor, 2, polígono industrial Los Linares (Fuenlabrada). Cocina tradicional, carta y autoservicio. Domingos noche, cerrado. Admite tarjetas.

☐ **ANAHI.**
Morería, 11. Tel. 265 12 14. Especialidad en parrilla o comida criolla. Abierto hasta las 3 de la madrugada. Sábados y domingos, mediodía. Lunes, cerrado. Precio medio, 1.200 pesetas.

☐ **ANNAPURNA.**
Zurbano, 5. Tel. 410 77 27. Cocina india. Especialidad en horno tandoor. Domingos y festivos, cerrado Admite tarjetas.

☐ **ANCORA.**
Orense, 6. Entreplanta. Tel 456 70 79. Cocina gallega. Especialidad en carnes y pescados. Domingos, cerrado. Precio medio, de 2.000 a 2.500 pesetas.

☐ **ANSORENA.**
Capitán Haya, 55. Tel. 279 64 51 Asador. Especialidad en chuletón de buey. Domingos, cerrado. Admite tarjetas. Precio medio, de 2.000 3.000 pesetas.

☐ **APRIORI.**
Argensola, 7. Tel. 410 36 71. Cocina francesa. Sábados mediodía, domin-

Actividad D Look, listen, and answer.

(STM, page 271)

You are a flight attendant on a first-class flight to South America. Listen to several questions the passengers will ask you. Use the menu on your activity sheet to answer each inquiry with a word or two in the pause provided.

1. Para el desayuno, ¿qué tienen para empezar?
   (Jugo, café, té, leche, fruta)
2. No me gustan los huevos. ¿Qué me recomienda para el plato principal?
   (Pancakes de banana y nueces)
3. ¿Cómo sirven el pan?
   (Con mermelada y mantequilla)
4. ¿Qué otra comida sirven además del desayuno?
   (La merienda)
5. Soy vegetariana. ¿Qué me puede servir para la merienda?
   (Plato de fruta y queso)
6. Me gusta la carne. ¿Qué carne van a servir?
   (Carne de res)
7. ¿Con qué sirven Uds. el queso?
   (Con fruta)
8. ¿Qué hay de postre?
   (Torta de chocolate)

DESAYUNO

PARA EMPEZAR

Jugos fríos

Una mezcla de café regional
Té y leche

Aperitivo de frutas frescas de temporada

PLATOS PRINCIPALES

TORTILLA DE TOMATE Y ESCALONIAS

Una tortilla rellena con tomates y escalonias,
ofrecida con un filete para el desayuno y papas

•

PANCAKES DE BANANA Y NUECES

Acompañados con miel de arce,
servidos con lomo de cerdo ahumado y brocheta de fruta fresca

CANASTILLA DE PAN

Panecillos surtidos
Mermeladas y mantequilla

MERIENDA

PLATO DE FRUTA Y QUESO

Un surtido de quesos finos,
acompañados con fruta fresca de temporada

•

SALTEÑAS DE CARNE DE RES

Una especialidad local, empanada horneada
con relleno de papas y carne de res

Torta de chocolate al estilo tradicional

Actividad E   Look, listen, and answer.

(STM, page 272)

You will hear eight questions. Use the restaurant bill on your activity sheet to answer each question with a word or two in the pause provided.

1. ¿Cómo se llama el restaurante?
   (Taberna de Antonio Sánchez)
2. ¿Cuál es la dirección del restaurante?
   (Mesón de Paredes, 13, Madrid)
3. ¿Cuándo se fundó?
   (En 1830)
4. ¿Cuántos "tenedores" tiene el restaurante?
   (Uno)
5. ¿Cuántos panes comieron los clientes?
   (Tres)
6. El pisto, ¿cuánto es?
   (400 pesetas)
7. ¿Cuántos cafés tomaron?
   (Tres)
8. ¿Cuánto pagaron en total?
   (4.261 pesetas)

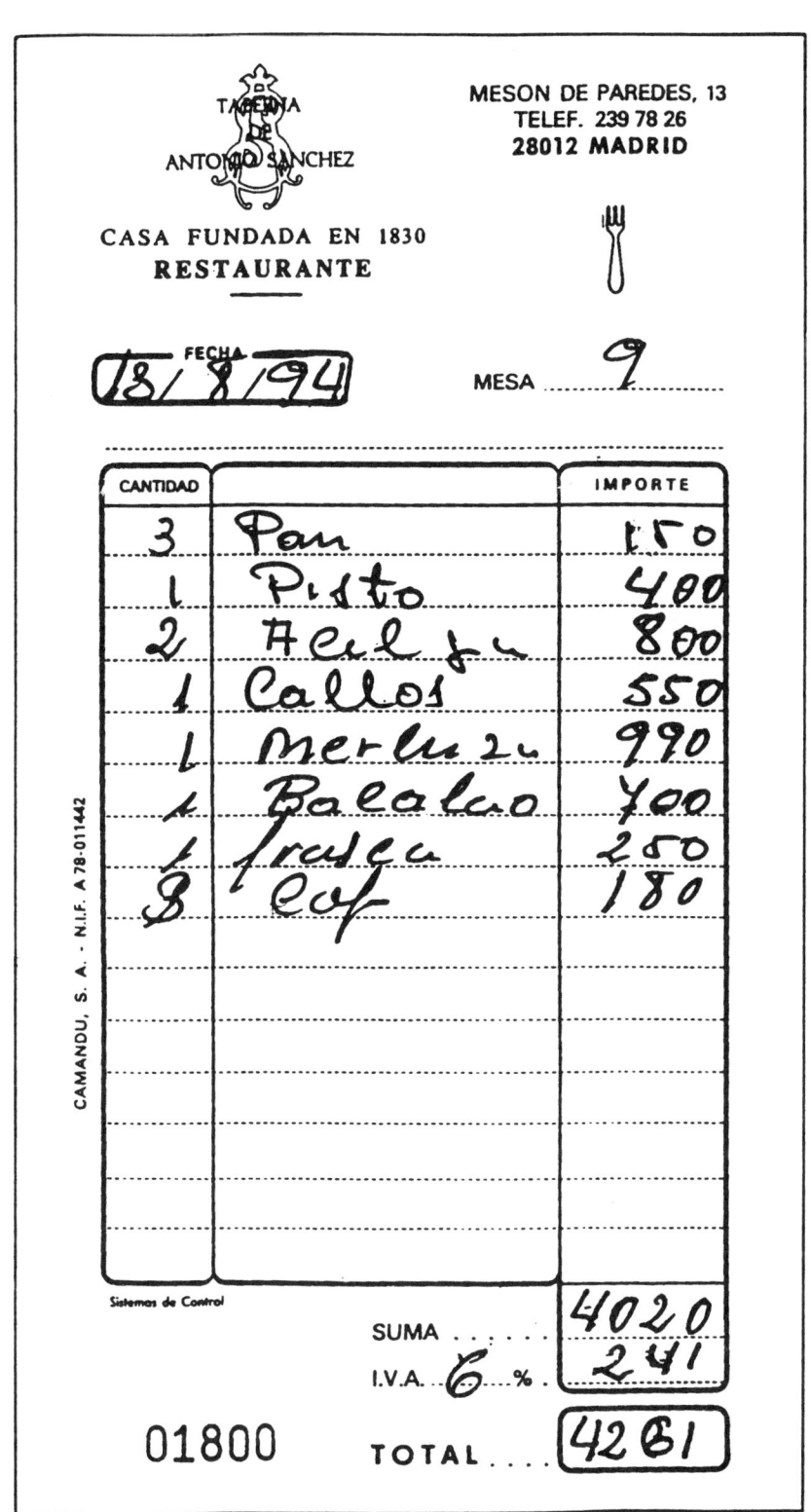

CAPÍTULO 16

EL CAMPING

PRIMERA PARTE

VOCABULARIO

Palabras 1

 Actividad A   Listen and repeat.   (*Vocabulario, Palabras 1*–Textbook, pages 434–435)
(*STM, page 273*)

    Listen and repeat after the speaker.
        LA RUTINA
        El muchacho se llama José.

        la cama
        El muchacho se acuesta. Él se duerme en seguida.

        La muchacha se despierta.
        Ella se levanta.

        el espejo
        El muchacho se peina.
        Se mira en el espejo.

        El muchacho se lava la cara.
        Él se afeita. Se afeita con la navaja.

        La muchacha se lava las manos.

        La muchacha se cepilla los dientes.
        La muchacha se lava los dientes.

        El muchacho se lava el pelo.

        La muchacha se viste. Se pone la ropa.

        La muchacha se sienta a la mesa.
        Ella se desayuna.
        Toma el desayuno.

Actividad B Listen and choose.

(STM, page 273)

Look at the illustrations on your activity sheet. You will hear nine sentences, each describing one of the illustrations. Write the number of the sentence below the corresponding illustration.

1. El muchacho se peina.
2. La muchacha se viste.
3. La muchacha se desayuna.
4. El muchacho se acuesta.
5. La muchacha se levanta.
6. El muchacho se afeita con la navaja.
7. La muchacha se cepilla los dientes.
8. El muchacho se lava el pelo.
9. La muchacha se lava las manos.

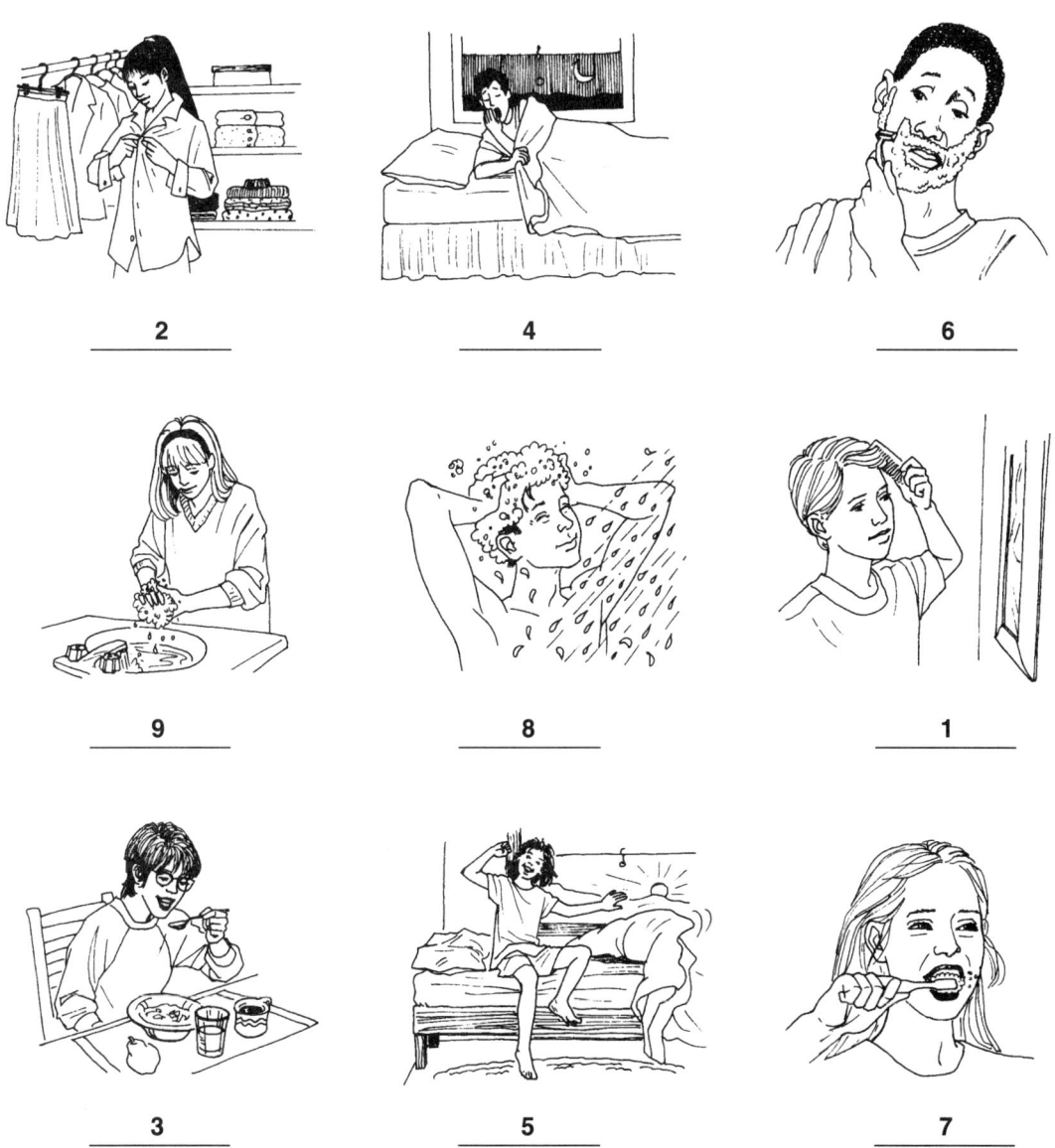

Actividad C **Listen and choose.**

(STM, page 274)

You will hear nine statements. If the statement makes sense, circle *sí* on your activity sheet. If the statement does not make sense, circle *no*.

1. José se acuesta a las once de la noche.
2. Diego se afeita con una navaja.
3. La muchacha se acuesta en la mesa.
4. El muchacho se mira en el espejo cuando se afeita.
5. Teresa se lava los dientes en el cuarto de baño.
6. Marco se sienta a la mesa para tomar el desayuno.
7. Mariana va a la cama a las diez de la noche. Ella se levanta.
8. Tomás se viste. Se pone la camisa y los pantalones.
9. Mariluz toma el desayuno porque no tiene hambre.

1. (sí)   no   4. (sí)   no   7. sí   (no)
2. (sí)   no   5. (sí)   no   8. (sí)   no
3. sí   (no)   6. (sí)   no   9. sí   (no)

Palabras 2

 Actividad D **Listen and repeat.**   *(Vocabulario, Palabras 2–Textbook, pages 438–439)*

(STM, page 274)

Listen and repeat after the speaker.

EL CAMPING
el campamento
el hornillo
la linterna
la cantimplora
el botiquín
la carpa
la tienda de campaña
el saco de dormir
acampar

el tubo
la pasta dentífrica
el champú
la navaja
la crema de afeitar
el papel higiénico
el rollo
el desodorante
el jabón
una barra de jabón
la pastilla
el peine
el cepillo

el bosque
la colina
las orillas del río
el albergue juvenil

Los jóvenes levantan una tienda de campaña.

dar una caminata
Los amigos dan una caminata.
Se divierten mucho.
Lo pasan muy bien.

la ducha
Los jóvenes se bañan en el mar.
Luego, toman una ducha.

Actividad E Listen and choose.

(*STM, page 274*)

Look at the illustrations on your activity sheet. You will hear nine statements or questions, each referring to one of the illustrations. Write the number of the statement or question below the corresponding illustration.

1. ¿Tienes la linterna?
2. Sí, y también la cantimplora.
3. Yo tengo el hornillo.
4. Vamos a ver si tenemos todo, ¿el botiquín?
5. Sí. ¿Una barra de jabón?
6. Sí. ¿Un tubo de pasta dentífrica?
7. Sí. ¿Papel higiénico?
8. Sí. ¿Crema de afeitar y una navaja?
9. Sí. ¿Champú?
   Sí, tenemos todo.

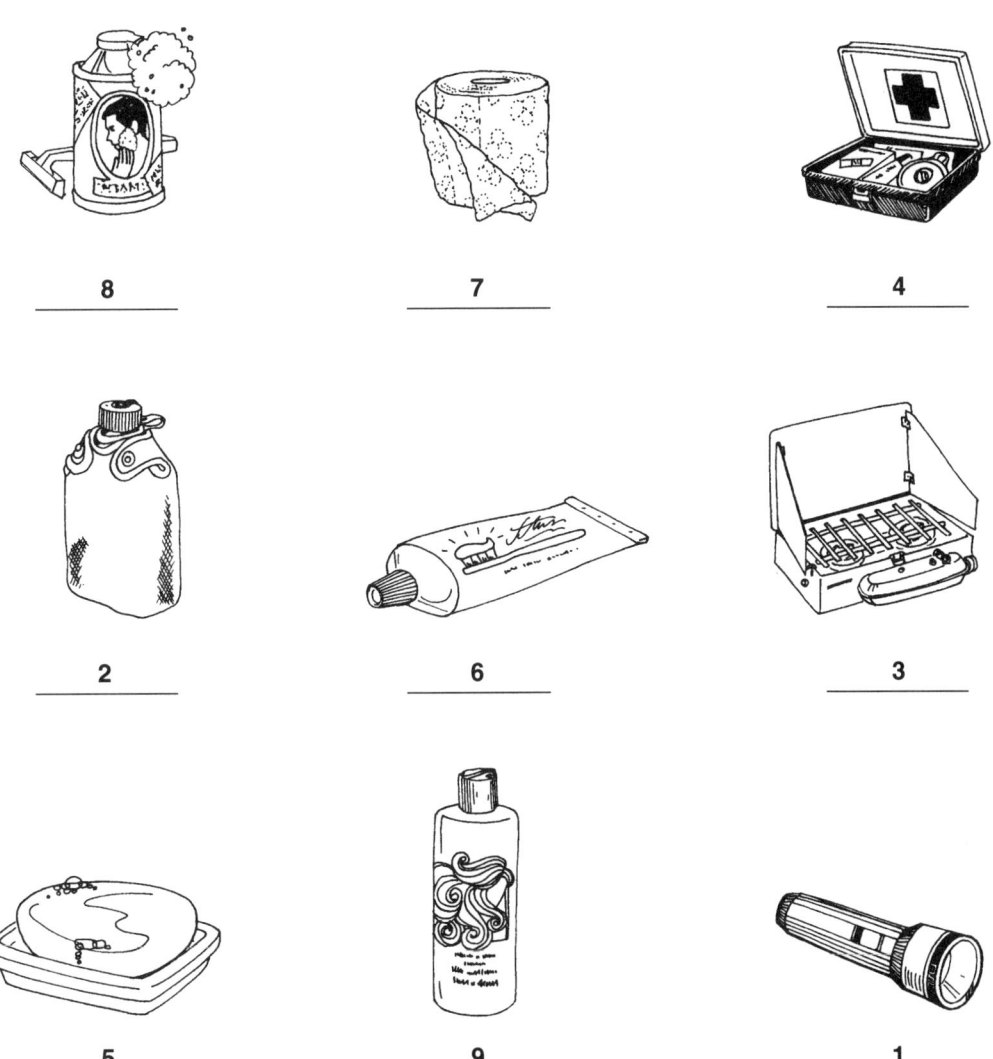

Actividad F Listen and choose.

(STM, page 275)

You will hear several questions or statements, each followed by three responses. Choose the correct response and circle *a, b,* or *c* on your activity sheet.

1. ¿Con qué te vas a lavar los dientes?
   a. Con champú.
   b. Con crema dental.
   c. Con jabón.

2. Y el pelo, ¿con qué lo lavas?
   a. Con champú.
   b. Con crema dental.
   c. Con jabón.

3. ¿Y las manos?
   a. Con champú.
   b. Con crema dental.
   c. Con jabón.

4. ¿No te vas a afeitar, hombre?
   a. Sí, ¿dónde está la navaja?
   b. Sí, ¿dónde está el champú?
   c. Sí, ¿dónde está la carpa?

5. Oye, va a llover. Tienes que hacer algo.
   a. Me voy a afeitar.
   b. Voy a armar la tienda de campaña.
   c. Voy a preparar el hornillo.

6. Yo no quiero dormir una noche más en una carpa.
   a. Bien. Vamos al bosque.
   b. Bien. Vamos de camping.
   c. Bien. Vamos al albergue juvenil.

7. ¿Dónde quieres levantar la carpa?
   a. A orillas del río.
   b. En el saco de dormir.
   c. Cerca del botiquín.

8. Quiero peinarme el pelo.
   a. Toma el peine.
   b. Toma el tubo.
   c. Toma el rollo.

9. ¿Dónde están los medicamentos?
   a. En el saco de dormir.
   b. En el bosque.
   c. En el botiquín.

10. ¿Quieres dar una caminata?
    a. Sí, por la carpa.
    b. Sí, en el mar.
    c. Sí, por el bosque.

11. ¿Dónde vas a preparar la comida?
    a. En el hornillo.
    b. En el saco de dormir.
    c. En la carpa.

1. a (b) c   5. a (b) c   9. a b (c)
2. (a) b c   6. a b (c)   10. a b (c)
3. a b (c)   7. (a) b c   11. (a) b c
4. (a) b c   8. (a) b c

ESTRUCTURA

Actividad A Listen and answer.

(STM, page 275)

You will hear seven questions. Use the cues on your activity sheet to answer each question orally in the pause provided. First listen to the examples.

Example: (You hear) ¿Qué hace Marta?
(You see) lavarse
(You say) Marta se lava.

Example: (You hear) ¿Qué hace Marta?
(You see) lavar / carro
(You say) Marta lava el carro.

1. ¿Qué haces tú?
   (Me baño.)
2. ¿Qué hacen Uds.?
   (Nosotros nos desayunamos.)
3. ¿Qué hacen los muchachos?
   (Los muchachos se peinan.)
4. ¿Qué hacen ellas?
   (Ellas despiertan a los padres.)
5. ¿Qué hacen Uds.?
   (Lavamos al bebé.)
6. ¿Qué hace Susana?
   (Susana mira el lago.)
7. ¿Y qué hace Felipe?
   (Felipe se mira en el espejo.)

1. bañarse
2. desayunarse
3. peinarse
4. despertar / padres
5. lavar / bebé
6. mirar / el lago
7. mirarse / espejo

Actividad B Listen and answer.

(STM, page 275)

You will hear nine questions. Answer each question orally in the pause provided. Since there is more than one correct answer to each item, you will not hear any recorded responses.

1. ¿Quién se levanta primero en tu casa?
2. ¿A qué hora te levantas tú?
3. ¿Cómo se llama tu mejor amigo o amiga?
4. ¿Dónde te desayunas?
5. ¿Te bañas o te duchas?
6. ¿Quiénes en tu familia se afeitan?
7. ¿Con qué marca de crema dental se cepillan los dientes Uds.?
8. ¿Quién en tu familia se mira mucho en el espejo?
9. ¿Quién lava el carro en tu familia?

Actividad C Listen and answer.

(STM, page 275)

You will hear five statements. Respond to each statement orally in the pause provided. First listen to the example.

Example: (You hear) Ellos se divierten mucho.
          (You say)   Nosotros nos divertimos mucho también.

1. Ellos se visten con estilo.
   (Nosotros nos vestimos con estilo también.)
2. Ellos se despiertan muy temprano.
   (Nosotros nos despertamos muy temprano también.)
3. Ellos se acuestan tarde.
   (Nosotros nos acostamos tarde también.)
4. Ellos se sientan en la primera fila.
   (Nosotros nos sentamos en la primera fila también.)
5. Ellos se duermen en seguida.
   (Nosotros nos dormimos en seguida también.)

Actividad D Listen and answer.

(STM, page 275)

You will hear five statements. Respond to each statement orally in the pause provided. First listen to the example.

Example: (You hear) Ella no se despierta temprano.
          (You say)   Yo no me despierto temprano tampoco.

1. Ella no se acuesta temprano.
   (Yo no me acuesto temprano tampoco.)
2. Ella no se divierte allí.
   (Yo no me divierto allí tampoco.)
3. Ella no se sienta en frente.
   (Yo no me siento en frente tampoco.)
4. Ella no se viste muy bien.
   (Yo no me visto muy bien tampoco.)
5. Ella no se duerme en seguida.
   (Yo no me duermo en seguida tampoco.)

Actividad E   Listen and answer.

(STM, page 275)

You will hear five statements. Respond to each statement orally in the pause provided. First listen to the example.

Example: (You hear)   Ella se acuesta temprano.
           (You say)   Ella se acostó temprano anoche también.

1. Luis se viste muy bien.
   (Luis se vistió muy bien anoche también.)
2. Los muchachos se divierten bastante.
   (Los muchachos se divirtieron bastante anoche también.)
3. Tú te acuestas muy tarde.
   (Tú te acostaste muy tarde anoche también.)
4. Uds. se sientan en dos mesas.
   (Uds. se sentaron en dos mesas anoche también.)
5. Fernando se duerme durante la comida.
   (Fernando se durmió durante la comida anoche también.)

CONVERSACIÓN

 Actividad F   Listen.   (*Conversación*–Textbook, page 448)

(STM, page 275)

Listen to the conversation. Do not repeat.

CARLOS: Mariluz, ¿a qué hora te despertaste esta mañana?
MARILUZ: ¿Quieres saber a qué hora me desperté o a qué hora me levanté?
CARLOS: Pues, ¿cuándo te levantaste?
MARILUZ: Me levanté tarde, a las siete y media. Me vestí y no me desayuné antes de salir para la escuela.
CARLOS: ¿Llegaste tarde a la escuela?
MARILUZ: No, llegué a tiempo porque me di mucha prisa.

Actividad G   Listen and choose.

(STM, page 275)

You will hear five statements about the conversation you just heard. If the statement is true, circle *sí* on your activity sheet. If the statement is not true, circle *no*.

1. Mariluz se levantó a las siete y media.
2. Ella se levantó temprano.
3. Ella se desayunó antes de ir a la escuela.
4. Ella llegó tarde a la escuela.
5. Llegó a tiempo porque se dio prisa.

1. (sí)   no   2. sí   (no)   3. sí   (no)   4. sí   (no)   5. (sí)   no

PRONUNCIACIÓN

 Actividad H **Pronunciación:** *Los diptongos* (*Pronunciación*–Textbook, page 449)
(*STM, page 276*)

The vowels *a, e,* and *o* are considered strong vowels in Spanish; *u* and *i* (and *y*) are weak vowels. When two strong vowels occur together, they are pronounced separately as two syllables. Listen and repeat after the speaker.

real	re-al
paseo	pa-se-o
caer	ca-er
leer	le-er

When two weak vowels or one weak and one strong vowel occur together, they blend together and are pronounced as one syllable. These are called diphthongs. Listen and repeat after the speaker.

a	e	i	o	u
aire	veinte	media	hoy	cuatro
aula	Europa	diez	voy	pueblo
hay		cuidado		
		ciudad		

Hay seis autores en el aula. Luis tiene miedo.
Julia pronuncia bien. Luisa tiene cuidado cuando viaja por Europa.
Voy a la ciudad hoy. Luego voy al pueblo antiguo.

SEGUNDA PARTE

Actividad A Listen and choose.
(*STM, page 276*)

Look at the illustrations on your activity sheet. You will hear several advertisements. As you listen to each advertisement, write the number of the product being described below the corresponding illustration.

1. Para tener el pelo suave, brillante y limpio, limpio, limpio, no hay nada como *Lustrol*. *Lustrol* para un cabello bello. No hay nada mejor para lavar el pelo.
2. Nadie quiere ofender. Pero cuando hace calor, cuando uno está nervioso, después de mucho ejercicio, queremos estar seguros. Queremos la protección que nos ofrece, *Brisas de primavera*. Suave fragancia. Fácil de aplicar. Ninguna irritación. Y protección y seguridad por 24 horas.
3. *Paloma,* suave, espumoso. Viene en barras pequeñas y grandes. Con *Paloma* la ducha o el baño se convierte en una agradable experiencia. *Paloma* limpia y suaviza la cara, las manos, toda la piel. Lávese con *Paloma* una vez y nunca va a usar otro producto.
4. Los dentistas recomiendan *Brillante*. *Brillante* deja tus dientes realmente brillantes, blancos como la nieve. En tubos pequeños, medianos, grandes y gigantes. En tu farmacia, perfumería o supermercado.

5. Para cepillarse los dientes tres o cuatro veces al día, quieres un cepillo suave, pero fuerte. Cepillos *Godoy* son los mejores hoy. Lo mejor que hay en el mercado, y en muchos colores. Cepillos *Godoy*, son los mejores hoy.
6. Para las personas que toman en serio el camping, tiendas de campaña *Pérez*. Las tiendas *Pérez* se usan en los campamentos militares. Son fuertes y totalmente resistentes al agua. No se preocupe por las lluvias. Las carpas *Pérez* le protegen. Son de nilón y se emplean las técnicas más modernas en su fabricación. Tiendas de campaña *Pérez*, para los campistas serios.
7. A mí no me gusta un hombre con barba. No quiero verle pelos en la cara. Por eso yo le hice a mi novio un regalo de una navaja *Gema*. Las navajas *Gema* le dejan la cara limpia y suave. Si tú quieres un novio sin pelos en la cara, dale una navaja *Gema*.
8. En Almacenes Vega, esta semana solamente, sacos de dormir a precios bajísimos. Estos sacos son impermeables. Son cómodos. Resisten el frío hasta 10 grados bajo cero. Los tenemos en varios colores. Pesan muy poco, medio kilo. Fácilmente lo llevas en la mochila. No pierdas esta oportunidad.
9. Para tu bebé, papel higiénico *Dorado*. El papel higiénico *Dorado* es suavísimo. No quieres irritar la delicada piel de tu bebé. Papel *Dorado* es suave y absorbente. Y también es ligeramente perfumado. En blanco, color de rosa y azul. En rollos de 40 metros. Papel higiénico *Dorado*. Tu bebé te dará las gracias.

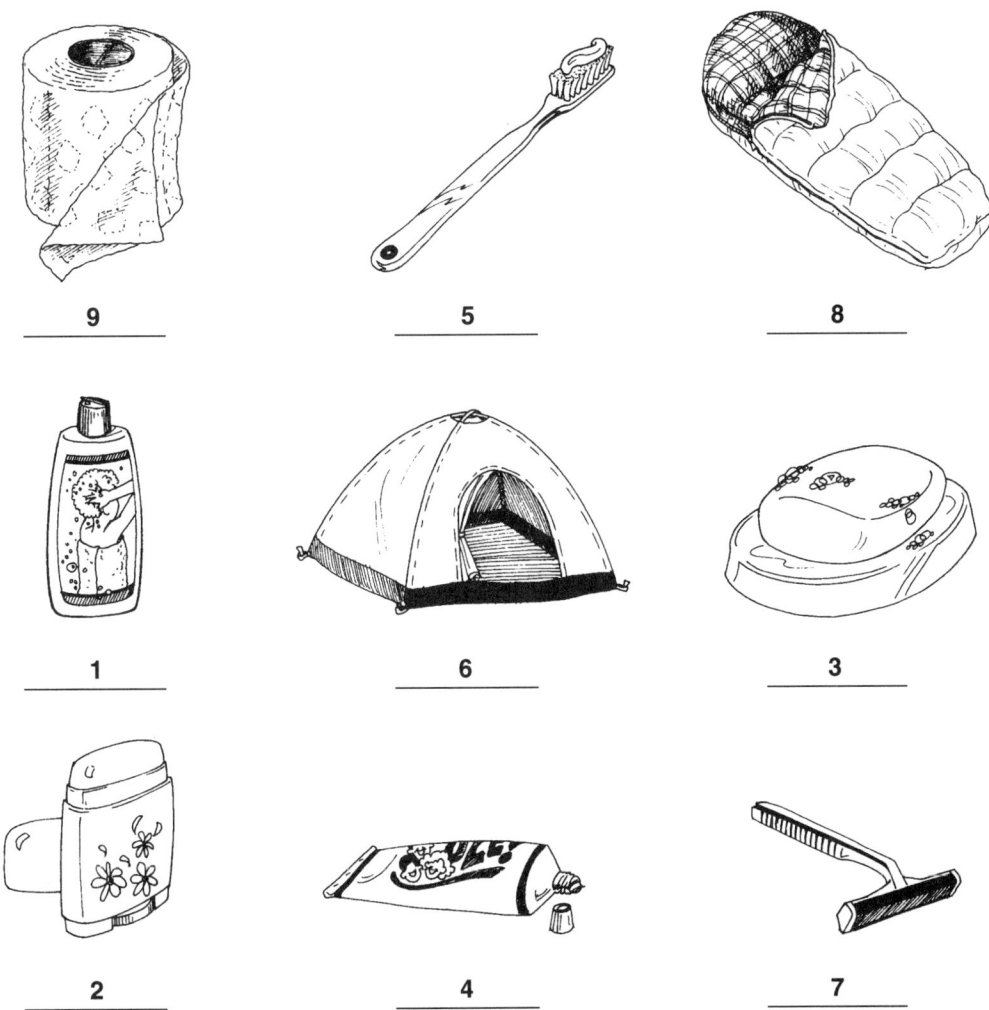

Actividad B Look, listen, and answer.

(STM, page 277)

You are working for *Farmacias Walgreens* in Puerto Rico. You will hear several inquiries about their specials. Use the advertisement on your activity sheet to answer each customer's inquiry with a word or two in the pause provided.

1. Quiero un jabón desodorante. ¿Qué me recomienda y a qué precio?
   (Walgreens, gold o blue marbleized, 39¢)
2. Tengo terribles dolores de cabeza. ¿A cuánto está el Bufferin ahora?
   (3.99)
3. Quiero un champú para bebé. ¿Qué tienen Uds.?
   (Walgreens shampoo para el bebé, 1.29)
4. ¿Qué otros productos para bebés venden Uds.?
   (Aceite para bebé y talco para bebé)
5. A caso, ¿tienen Uds. una crema o loción bronceadora para protección contra el sol?
   (Sí, Coppertone)

1²⁹ SHAMPOO PARA EL BEBE
Walgreens. No irrita los ojos. Botella de 16 oz. Cantidad 144 por farmacia, 2 por cliente. Reg. 2.99

1²⁹ ACEITE PARA BEBE
Walgreens. Botella de 16 oz. Cantidad 160 por farmacia, 2 por cliente. Reg. 2.99

1⁴⁹ TALCO PARA BEBE
Walgreens. Protege contra irritación del pañal. Envase de 24 oz. Cantidad 48 por farmacia, 2 por cliente. Reg. 2.99

1⁹⁹ BEACHCOMBER
Sandalias de goma. Varios tamaños. Ideal para la playa. Cantidad 48 por farmacia, 2 por cliente. Reg. 2.79

2⁶⁹ COPPERTONE
Loción bronceadora. No. SPF4, para protección. De 4 oz. Cantidad 96 por farmacia, 2 por cliente. Reg. 3.99

3⁹⁹ BUFFERIN
Alivia el dolor. Sin aspirina. Envase de 100. Pqte. bono con desodorante Ban GRATIS. Cantidad 72 por farmacia, 2 por cliente. Reg. 4.99 pqte.

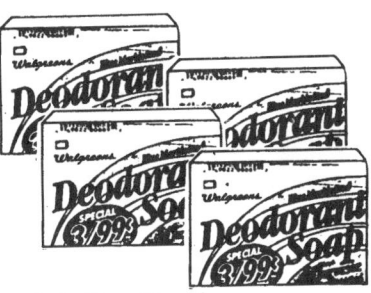

4/99¢ JABON
Walgreens. Gold o Blue Marbleized. Barras de 5 oz. Cantidad 144 por farmacia, 8 por cliente. Reg. 39¢ c/u

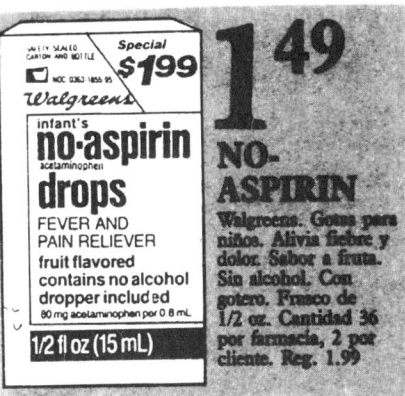

1⁴⁹ NO-ASPIRIN
Walgreens. Gotas para niños. Alivia fiebre y dolor. Sabor a fruta. Sin alcohol. Con gotero. Frasco de 1/2 oz. Cantidad 36 por farmacia, 2 por cliente. Reg. 1.99